中國学術思想 研究輯刊

十二編

林慶彰 主編

第2冊

邵康節先天易學之歷史哲學研究

張新智 著

花木蘭文化出版社

國家圖書館出版品預行編目資料

邵康節先天易學之歷史哲學研究／張新智 著 — 初版 — 新北
市：花木蘭文化出版社，2011〔民100〕
序 2+ 目 2+142 面；19×26 公分
（中國學術思想研究輯刊 十二編：第 2 冊）
ISBN：978-986-254-644-4（精裝）
1.（宋）邵雍　2. 易學　3. 學術思想　4. 研究考訂
030.8　　　　　　　　　　　　　　　　　100015761

ISBN-978-986-254-644-4

9 789862 546444

中國學術思想研究輯刊
十二編　第 二 冊　　　　　　　ISBN：978-986-254-644-4

邵康節先天易學之歷史哲學研究

作　　　者　張新智
主　　　編　林慶彰
總 編 輯　杜潔祥
出　　　版　花木蘭文化出版社
發 行 所　花木蘭文化出版社
發 行 人　高小娟
聯絡地址　新北市永和區中正路五九五號七樓
　　　　　　電話：02-2923-1455／傳眞：02-2923-1452
網　　　址　http://www.huamulan.tw 信箱 sut81518@gmail.com
印　　　刷　普羅文化出版廣告事業
封面設計　劉開工作室
初　　　版　2011 年 9 月
定　　　價　十二編 55 冊（精裝）新台幣 90,000 元　　　版權所有·請勿翻印

邵康節先天易學之歷史哲學研究

張新智 著

作者簡介

　　張新智，1967 年生，臺灣省臺中市人。國立政治大學中國文學研究所博士、碩士、中國文學系學士、兼修教育輔系。撰有學位論文：博士論文〈子平學理論之研究〉、碩士論文〈邵康節先天易學之歷史哲學研究〉；另有多篇學術論文散見各期刊。現為弘光科技大學通識學院專任副教授。

　　研究專長：術數史研究、易學史研究、端硯鑑賞。

提　要

　　方東美曾云：「邵康節的哲學思想未能繼續發揚光大是中國文化的憾事。」

　　(《新儒家哲學十八講》) 筆者深有慨於此，思圖發潛德之幽光，是以不揣鄙陋，試從哲學思考的向度，研求邵康節「先天易學」之「歷史哲學」的思維模式及其理論意義。全文共計九章，約七萬餘言。茲撮要列述如下：

　　第一章：緒論。說明本文的研究動機，研究範圍，以及研究方法。

　　第二章：「觀物」概說。旨在提供對其「觀物」思想的基本認識，分從界義、方法、目的，予以概略之說明。

　　第三章：「觀物」析論。探討其由「觀物」而建構的形上體系，及其如何證成「人為萬物之靈」及「天人合一」理念。

　　第四章：「先天易學」概說。分由淵源，釋名、特色三端，概要說明其「先天易學」。

　　第五章：「先天易學」析論。從論卦之生成、卦之方位、與實然世界之對應等三方面探討其思想要旨。

　　第六章：「歷史哲學」概說。分從釋名、時間結構之分析、「經世一元消長之數圖」的探討，提供對其「歷史哲學」的基本認識。

　　第七章：「歷史哲學」析論。辨析其易學結構如何對應於干支紀年、歷史治亂的分類與判準、以及此間所呈顯的積極意義。

　　第八章：批評與討論。鑑於歷來學者對其哲學思想多有批判，在此統括相關意見，分成四類予以商榷。

　　第九章：結論。總結全文之研究成果，並略附筆者淺見。

目次

序

　　方東美曾云：「邵康節的哲學思想未能繼續發揚光大是中國文化的憾事。」
（《新儒家哲學十八講》）筆者深有憾於此，思圖發潛德之幽光，是以不揣鄙
陋，試從哲學思考的向度，研求邵康節「先天易學」之「歷史哲學」的思維
模式及其理論意義。全文共計九章，約七萬餘言。茲撮要列述如下：

　　第一章：緒論。說明本文的研究動機，研究範圍，以及研究方法。

　　第二章：「觀物」概說。旨在提供對其「觀物」思想的基本認識，分從界
　　　　　　義、方法、目的，予以概略之說明。

　　第三章：「觀物」析論。探討其由「觀物」而建構的形上體系，及其如何
　　　　　　證成「人為萬物之靈」及「天人合一」理念。

　　第四章：「先天易學」概說。分由淵源、釋名、特色三端，概要說明其「先
　　　　　　天易學」。

　　第五章：「先天易學」析論。從論卦之生成、卦之方位、與實然世界之對
　　　　　　應等三方面探討其思想要旨。

　　第六章：「歷史哲學」概說。分從釋名、時間結構之分析、「經世一元消
　　　　　　長之數圖」的探討，提供對其「歷史哲學」的基本認識。

　　第七章：「歷史哲學」析論。辨析其易學結構如何對應於干支紀年、歷史
　　　　　　治亂的分類與判準、以及此間所呈顯的積極意義。

　　第八章：批評與討論。鑑於歷來學者對其哲學思想多有批判，在此統括
　　　　　　相關意見，分成四類予以商榷。

　　第九章：結論。總結全文之研究成果，並略附筆者淺見。

論文撰寫期間，幸得董師金裕，鉅細靡遺地疏通文句，剔除文意不妥之

處，在請益時，不論提綱立目、邏輯推理、或修飾文辭等各方面，都使筆者獲益，謹在此申致無限謝忱。然而筆者才疏學淺，其中或尚有疏漏謬誤之處，尚祈先進不吝指正。

中華民國八十二年六月張新智序於國立政治大學中國文學研究所

第一章 緒 論

在正式展開對論文主題的辨析與討論之前，擬先就一些周邊問題，諸如研究動機、研究範圍、研究方法等，做概略的論述與說明。

第一節 研究動機

邵雍，字堯夫，諡號康節，生於宋眞宗祥符四年（西元 1011 年），卒於宋神宗熙寧十年（西元 1077 年），享年六十七歲。主要著作有《皇極經世書》（通稱《皇極經世》）、《伊川擊壤集》、《漁樵問對》等。

康節在理學史上，與周敦頤、張載、二程并列爲北宋理學的代表人物，世稱「北宋五子」，在中國思想上的地位之重要，實顯而易見。然而，倘若吾人檢視關於此「五子」之學術思想的研究著作，將悚然驚覺，不僅專治康節之學的論著不遑多見，而與研究其他四人者，呈懸殊之比；甚至連通論性質的「思想史」、「理學史」類的著作，對於康節之學，不是草草帶過，就是略去不提。在這種研究情況下，使得中國思想史的宋明理學部份，呈現了一段令人遺憾的不足。然而，卻也因此引發了筆者一探究竟的興趣，希望藉著這篇專題式論文的提出，能對康節思想的研究，產生拋磚引玉的效果。

第二節 研究範圍

康節學術思想的特色在易學，屬象數一派，然而在本質上，與兩漢之「象數易」迴然別異，自爲一家，號稱「先天易學」。此易學象數系統的龐大複雜，即使在正代的易學家中，也難有出其右者，後世對康節學術思想的看法，也

因之而貶褒不一。趙玲玲指出：

> 邵子的中心基本思想盡被其所獨創之象數之學的獨特光采所遮
> 掩，後繼學者，不好學深思，舍本逐末，惟沿習策數，以爲邵學在
> 是也，致使其學本沒而末顯，後世甚有以邵子之象數，牽強附占卜
> 者，遂使邵學見卑於世，被一般自認是正派的學者們所摒棄，……。
> 〔註1〕

其說誠屬實情，然則若是因此而盡棄其象數系統，獨取文集中的義理論述，
以爲研究的取向，未免是因噎而廢食，裘正即針對於此而謂：

> 在吾人思辯之過程中，除了以文字表達之外，抽象符號卻更具有文
> 字所欠缺之推演功能，尤其符號在嚴密完整的辯証意義下，可作爲
> 吾人思考形式的投射與反映，而這些功能往往便是文字所欠缺
> 的。……由此觀之，邵子的象數易學系統，自有其重要的地位，況
> 且象數易學的部份與其學說的義理部份，自有相輔相成的關聯，豈
> 可獨論義理摒棄象數而妄圖得其學呢！〔註2〕

裘氏之說，深刻地批判了「棄象數，言義理」向度的偏頗。又康節亦曾謂：

> 有言必有象，有象必有數，象生則言彰，言彰則意顯，象數則筌蹄
> 也，言意則魚兔也，得魚兔而忘筌蹄可也，捨筌蹄而求魚兔，則未
> 見其得也。（《皇極經世・觀物外篇下》）

証諸此語，尤可見出「先天易學」的象數系統，是吾人在研究康節思想時，
所不可輕忽的重要環節。

　　康節思想內容既深且廣，總的說來，可概分爲形上理論的建立，與對形
下世界的詮解兩大部份，前者係以「觀物」思想奠基而發展，並以「先天易
學」之系統結構予以具體呈現；後者則以「先天易學」之系統結構，說明古
今歷史的演變、推算天地萬物之數……等，取得與形下實然事物的對應而完
成。然而，由於時間、篇幅的種種限制，如果要求全幅探討以盡窺堂奧，筆
者深感力有未逮，實在有必要對研究的範圍酌予限定。在「保持思想連貫性」
的考量下，所採取的權宜之計，係以專題討論的方式來進行，而此專題，則
以其形上思想落實到形下世界的歷史論述爲討論對象。職是，對於「觀物」
及「先天易學」的理論探討，也只限於相關於「歷史哲學」的部份。

〔註1〕參見趙玲玲《邵康節觀物內篇的研究—天人合一理念的探索》。
〔註2〕參見裘正〈邵雍先天易學的哲學意義〉。

此外，「知人論世」固爲學術研究的基本要求，然就其所處之時代背景而言，「理學史」類的著作中，多已有極其詳細的說解；而關於康節的傳記資料，也有不少的整理性論述可供參考，〔註3〕本文係專題式的討論，爲了扣緊中心議題，遂將此二者排除於研究範圍之外，而一概從略了，這一點，是筆者所要特別聲明，並對讀者感到抱歉的。

第三節　研究方法

關於本篇論文的研究方法，大致可以從兩個角度來說明，一是原始資料的解讀，一是本文的論述方式。

一、原始資料的解讀

康節之學，有「艱深玄奧」之稱，〔註4〕如何解讀？前人提出的建議很值得參照，如蔡元定謂：

> 其（康節）用字立文自爲一家，引經引義別爲一說，故學者多所疑惑，要當且以康節之書，反覆涵泳，使倫類精熟，脈絡通貫，然後有所得。〔註5〕

又如王植謂：

> 邵子之言，往往自解之矣，而解之者尚無解人，故眞解迄未之見也，解所難解而爲之圖，圖即所以爲解也。〔註6〕

蔡、王二氏之論，提示了兩個解讀方法：

其一，吾人必須了解，康節係爲一原創性極強的易學哲學家，往往援引本有的經文字義而自立新解，故在研究其理論思想時，對其所用之字詞，在探索淵源何處後，卻又不可拘泥成說，必須從前後字句的連貫中，探索出特定之意涵，再持之以詮解相關的論述，如此，庶幾不失康節意旨。

其二，作爲一個易學哲學家，康節的思想，係依傍其易學之象數結構而

〔註3〕專著類，如陳郁夫《邵康節學記》中，即以極大之篇幅，對康節的生平事蹟及其著作，做了相當詳細的整理與說明；單篇論文類，如黃明〈北宋儒學的豪傑邵康節〉即全述康節生平。此種說解康節傳略的相關論述不少，在此不能一一列舉，請參閱本論文所附之「參考書目」。

〔註4〕參見王植《皇極經世書解》卷首上。

〔註5〕參見胡廣《性理大全書・皇極經世書》卷七引蔡元定語。

〔註6〕同註4。

建立。此抽象的卦爻、數字等符號，在其哲學體系中，又往往以圖式的方式予以呈顯，而用來傳達文字所難以表達的意涵。是故在探析康節思想時，相關圖式的徵引及其間涵蘊之義理的辨析，是不可或缺的研究方法。

當然，除了就原始資料進行解讀之外，後世學者的研究成果，亦值得吾人參考，而筆者在引據的同時，往往也試圖做反省與批判的工作。

二、本文的論述方式

本文共計九章，除第一章緒論、第八章批評與討論，以及第九章的結論而外，中間的第二章以迄第七章，全為思想內涵的討論，概分為「觀物」、「先天易學」、「歷史哲學」三大部份，每一部份各統「概說」與「析論」兩章。「概說」旨在解說一些概念性的問題，屬導論性質；「析論」則著重於理論意義的探究，是重心所在。至於康節學術思想的淵源問題，由於旁涉極廣，交互錯綜，也很難做準確的歸類，是故本文所採取的處理方式，並不按常例予專章式的說明，而是散入各相關章節，隨文提及。

第二章 「觀物」概說

　　康節著述中，以「觀物」名篇者，比比皆是。如其《皇極經世》即區分為〈觀物內篇〉、〈觀物外篇〉；詩集《伊川擊壤集》（以下簡稱《擊壤集》）所載諸詩，以〈觀物吟〉爲題者，亦不乏其例；至若《漁樵問對》中，漁者與樵者二人所論難之內容，亦以「觀物」爲其重點。而「觀物」所涵蓋的思想內容，更與康節「先天易學」所欲呈顯的理論意義，相互呼應、互爲表裏；職是，在進行對其「先天易學」進行辨析之前，有必要先了解「觀物」之內容及其理論意義。

　　本章旨在提供對「觀物」之界義、方法與目的等概念性的認識。至於「觀物」思想的詳細內容及其理論意義，則留待下章再行進一步的解析。

第一節　界義

　　康節曾對其學說所要討論的範圍進行界定，嘗自謂：

> 人或告我曰：「天地之外別有天地萬物，異乎此天地萬物。」則吾不
> 得而知之也，非吾不得而知之也，聖人亦不得而知之也。凡言知者，
> 謂其心得而知之也；言言者，謂其口得而言之也；既心尚不得而知
> 之，口又惡得而言之乎？以心不可得知而知之，是謂妄知也，以口
> 不可得言而言之，是謂妄言也，吾安能從妄人而行妄知妄言者乎？
> （〈觀物內篇〉之二）

據此可知，其學乃以「此天地萬物」爲討論範圍，若超乎此，則非但「吾不得而知」，人之最高典範「聖人」，亦不得而知。關於這一點，顯然有莊子「六

合之外，聖人存而不論。」（《莊子·齊物論》）的意味。〔註1〕康節所言「心得而知之」，不僅指涉形成知識之認知活動而言，還包括理智思考之外，更屬深層的感通境界，此當即「觀物」哲學中「觀」字義的特殊用法。之於所「觀」之「物」，康節復有詳釋，其云：

> 是知道爲天地之本，天地爲萬物之本，以天地觀萬物，則萬物爲萬物；以道觀天地，則天地亦爲萬物。（〈觀物內篇〉之三）

此處所用之「觀」字義，則屬於「觀物」一詞之另一用法，乃是用一般概念中「視之若何」之「視」字義，即指「對待關係」而言，目的在進行一種存有層級的互比，互比而得之層級，是相對而非絕對的。康節經由回溯的過程，從流返源，進而說明其自「道」此一最高形上根源對天地進行認知，故推得天地亦爲萬物。又云：

> 物之大者，無若天地，然而有所盡也。天之大，陰陽盡之矣。地之大，剛柔盡之矣。陰陽盡而四時成焉，剛柔盡而四維成焉。夫四時四維者，天地至大之謂也。凡言大者，無得而過之也。（〈觀物內篇〉之一）

其以天地爲至大之「物」；在此，界定「四時」屬之天，爲「陰陽」概念所「盡」，即爲其所涵括；以「四維」屬之地，爲「剛柔」所涵括。「四時」，可視爲一切時間系統之代稱；「四維」，則指所有空間系統而言。以此可知，此所謂「物」之意涵，非僅止於一般概念中，與人或與心對言者，而是此天地，亦即此時空中，所有的具體及抽象的存有者，皆爲之所統攝。總覽其書，「物」之一詞，在其學說中，有兩種用法，一爲一般概念之「物」，一爲指涉一切存有者。

第二節　方法

關於「觀物」的方法，康節云：

> 夫所以謂之觀物者，非以目觀之也：非觀之以目而觀之以心也：非觀之以心而觀之以理也。天下之物莫不有理焉，莫不有性焉，莫不

〔註1〕在此康節所謂「不得而知之也」，並非否定其存在，而乃有「存而不論」之意。察其原因，當是體認於認知範圍的不予規定，則討論將氾濫至無所邊際，其弊害將如同莊子所言之「天下皆知求其所不知，而莫求其所已知者，是以大亂。」（《莊子·胠篋》）就界定討論範圍的相同而言，康節上承莊子思想的痕跡是明顯的。

有命焉。所以謂之理者，窮之而後可知也；所以謂之性者，盡之而
可知也；所以謂之命者，至之而後可知也。此三者，天下之眞知也。
（〈觀物內篇〉之十二）

此段論述中之連續否定語句，當然不是思維矛盾或錯亂，其所謂「非」，意指「不僅於」；旨在層層剝除以深究於「觀物」所須具備的充分條件爲何。其中，「目」代表感官；吾人之心靈認知及感通活動雖以「目」（在此，爲一切感官之代表），而爲外界訊息之傳導媒介，然而僅憑感官自亦不足以完成此認知與感通，尙須心靈爲其主導以成就之；然而再深究於心靈能動之基源，則又必歸結至其所謂之「理」。其云「理者，物之理也」，即指道之下貫於天地萬物而言。「然則，人亦物也」（〈觀物內篇〉之二）人爲物之一，自亦具此「理」，康節主張吾人便須以此共然之「理」進行「觀」。其言「知」，謂爲「心得而知之也」（〈觀物內篇〉之二）。即以「心」爲認知活動的主體，然基於此，復有更詳盡的推究分析，而將「心」的認知功能推上更高一層的根源「理」。這種認識方法，適與莊子「心齋」所主張的「無聽之以心，而聽之以氣」（《莊子‧人間世》）有一定程度的類似。〔註2〕

至於「理、性、命」三者關係如何，康節亦有詳細說明：

天使我有是之謂命，命之在我之謂性、性之在物之謂理。理窮而復
知性，性盡而後知命，命至而後知至。（〈觀物外篇〉上）

則知所謂「以理觀之」，實乃涵括「性」、「命」二者而言，惟有窮理、盡性以至於命，「觀物」的整個活動方可得到完滿達成。又如其曾贊《易》云：

《易》之爲書，將以順性命之理者，循自然也。（〈觀物外篇〉下）

稱「性命之理」，正是包盡「性」、「命」二者而言「理」。唐節主張「以理觀物」，目的在於避免「有我」：

物理之學或有所不通，不可以強通，強通則有我，有我則失理而入
術矣。（同上）

〔註2〕 莊子云：「若一志，無聽之以耳，而聽之以心，無聽之以心，而聽之以氣。耳
止於聽，心止於符，氣也者，虛而待物者也。唯道集虛。虛者，心齋也。（《莊
子‧人間世》）莊子的重點落在此「氣」上講，而此「氣」與康節所言的「理」，
二者所代表的存有層次是相同的。兩人皆就「心」的概念而往上提升。然而
就意義的表達而言，莊子的論述較爲悍然，具決斷性，容易使人忽略感官作
用的存在意義。康節則較具包容性，於其論述中，感官作用尙可覓得存在的
空間。

又云：

> 所以謂之反觀者，不以我觀物也。不以我觀物者，以物觀物之謂也。
>
> （〈觀物內篇〉之十二）

此即要求排除自我的主觀立場，對所觀者，設身處地而觀之。然則何以反對「以我觀物」，其云：

> 以物觀物，性也；以我觀物，情也。性公而明，情偏而暗。（〈觀物外篇〉下）

又云：

> 任我則情，情則蔽，蔽則昏矣。因物則性，性則神，神則明矣。（同上）

「情」指牽絆於主觀之欲望、成見；「性」則為「萬物各有其性」，是「理」之分殊之謂；「神」則指一種神妙莫測的作用。於其學說中，「我」之為「物」固然沒有問題，然而若言「以我觀物」，將「我」、「物」對舉而言，其為對立之勢甚顯；且既為「我」，不免涉及主觀立場，因利害而生愛憎的成見，而即由此引發情累，橫出物我之間，如此，所進行的「觀物」之所得，為私情所遮蔽，遂為暗為偏。既不得清明公正，則何得謂之「真知」？故康節為了避免「有我」而造成偏私主觀的蔽害，進而提出「至誠」的原則，云：

> 至理之學非至誠不至。（〈觀物外篇〉下）
>
> 先天學主乎誠，至誠可以通神明，不誠則不可得道。（同上）
>
> 由直道，任至誠則無所不通。（同上）
>
> 自誠明，性也；自明誠，學也。（同上）

這裡所講的「誠」之概念，乃康節自《中庸》援引而來：「誠者，天之道也，誠之者，人之道也。」（《中庸》）〔註3〕循此原則，遂能達到「不我物」、「無我」：

> 不我物，則能物物。（同上）
>
> 易地而處則無我也。（同上）

〔註3〕《中庸》論及此義之處極多，如「自誠明，謂之性；自明誠，謂之教。」「唯天下至誠，為能盡其性；能盡其性，則能盡人之性；能盡人之性，則能盡物之性；能盡物之性，……則可以與天地參矣。」所謂「誠」、「至誠」、「誠明」，無非是在說明「反省」的重要，即「反身而誠」者。康節用之以破除「我」（指為私欲障蔽的認識主體），藉以保證「觀物」的公正清明。康節的「誠」，其意涵實同於「以明」（《莊子‧齊物論》）及「心齋」（《莊子‧人間世》）之於莊子認識系統的滌清「成心」（《莊子‧齊物論》）的作用。

誠能如此,即可:

> 以物喜物,以物悲物。(同上)

此所謂「以物觀物」也。然康節不但謂「不以我觀物」,更恐乎人們將轉而主張直接「以道觀性」、「以性觀心」……,從上一存有層級俯觀居於其下者,以爲如此,必能超然於所觀之上,更易獲得眞知。爲此者,實乃不能詳辨乎存有層級之相別異,於存有層級之互比定位時固有其意義,然在於認知與感通物之自身時,以其層級相異故,亦將演化觀者與所觀間之對立態勢,其害固將無減於「以我觀物」者,故康節不得不致其期期以爲不可之意,而詳辨乎道、性、心、身、物數者之別,以究其關係,而云:

> 性者,道之形體也,性傷,則道亦從之矣;心者,性之郭郭也,心傷,則性亦從之矣;身者,心之區宇也,身傷,則心亦從之矣;物者,身之舟車也,物傷,則身亦從之矣。(《擊壤集·序》)

性者,乃最高之形上根源——「道」之內化於我者,乃先驗之理則,心之能思,根源於此性之作用;道不可知,以性而顯;性不可知,乃由心之活動而呈現;心之活動,以性爲充分條件,其必要條件則爲人身,即指軀體而言,具體地說,便指感官。由於感官的作用,對應於萬事萬物而傳導訊息至內心,而後方得進行心之作用,故康節有詩謂:「意亦心所至,言須耳所聞。」(《擊壤集·心耳吟》)即在說明身、心關係。至於物,除爲身之所對應者外,又爲維持軀體存活之不可或缺者,其詩有云:「人非物不活,物待人而興」(《擊壤集》卷十二〈接花吟〉)此在說明人身與物之關係。康節以此呈顯出:性、心、身、物,乃同屬道之下貫,而在不同存有層級之不同指涉。由同屬道而言,故必定互爲聯繫,然就層級本身言,互比之,則又明見其間之差異,乃各有其定位。以此,康節特爲析言而綜結之:

> 以道觀性、以性觀心、以心觀身、以身觀物,治則治矣,然猶未離乎害者也。不若以道觀道、以性觀性、以心觀心、以身觀身、以物觀物,則雖欲相傷,其可得乎?(同上)

本質未得,而直接以層級不同互比之,似可得俯瞰全覽的功效,即其所謂之「治」,然則卻將因基於層級本位之主觀而造成對立之情累,遂因而導致不能得其眞知的弊害,即其所謂的「相傷」。是以康節層層條析,而謂「以道觀道、以性觀性、……以物觀物」,然後以此「道、性、心、身、物」皆得謂之「物」之故,遂統而稱之謂「以物觀物」。

第三節　目的

康節以「此天地萬物」為討論範圍，並以「至誠」為指導原則，而詳論「觀之以理」、「反觀」、「以物觀物」等「觀物」的方法，其終極目的，乃在求得其所謂之「真知」。

「真知」一詞，就現存資料而言，最早見於莊子「有真人而後有真知」。（《莊子·大宗師》）康節採用「真知」一詞，然而其意涵則別有所指，乃總稱「理、性、命」三者的通貫，則此一思想，當援自於《易傳》的「窮理盡性以至於命」（〈說卦傳〉第一章）。莊子所致之「知」，其目的在於將人融於天地萬物之中，而與萬物之一，達到適性逍遙的境界，康節則不同於此，而乃發展出「以人為本」的理論，遂有「以人代天」的積極入世之主張。其先對所觀之「物」進行全面的認識，再對此種種之「物」做存有層級的定位，辨明其間相對待的關係如何，從而建立其對所有之「物」的詮釋系統，經由此系統的建構，確定人的地位與價值。錢穆以「新人本位論」言康節，而云：

> 蓋康節之新人本位論，非離人於物言之，乃合人於物而言之。即就物的範疇中論人，即於物的範疇中發現人之地位和其意義與價值。人之與物，本皆偏而不全。人的地位之高，在其能由偏而全，使萬物之全體即在人之一偏中呈現。如何能使全體在一偏中呈現，其要即在觀。〔註4〕

就此終極目的的不同而言，康節的精神，似與儒家較近。故錢氏乃評曰：「是康節乃以道家途徑而走向儒家之終極目標者。」〔註5〕以此評說康節之「觀物」思想，實極其諦當。

〔註 4〕 參見錢穆《中國學術思想史論叢》（五）〈濂溪百源橫渠之理學〉，頁 60～62。
〔註 5〕 同前註。

第三章 「觀物」析論

康節「觀物」之內容，略有如下數端：其一，探討最高形上根源；其二，解析宇宙之生成律則；其三，對「類」、「類推」概念的運用；其四，說明「人為萬物之靈」；其五，證成「天人合一」的理念。本章將從這幾個層面，探討「觀物」所蘊藏的思想意義。

第一節 論最高形上根源

康節之觀天地，是從哲學向度所建構的形上學。就此已（實）然的世界做觀察，進行追本溯源的倒推過程，以深究宇宙（以此天地為限）之形上根源。從對已知世界的分析，歸納出形上學及宇宙論之普遍規律，建立其形上體系，進而以此種種規律，亦即以其已建構之體系，再回過頭來，對世界之各種現象，包括一切之存有，進行合理的詮釋。

康節論述天地萬物的本源，總歸之以「道」，云：

> 天由道而生，地由道而成，物由道而形，人由道而行。天地人物則異
> 矣，其於道一也。夫道也者，道也。道無形，行之則見于事矣。如道
> 路之道坦然，使千億萬年行之人知其歸者也。（〈觀物內篇〉之九）

以為形下世界雖然有萬殊之別，然同為「道」之下貫，「道無形，行之則見于事」，說明了此最高形上根源無形可見，吾人之知其存在，乃藉由其作用之顯發而得。故又云：

> 道無聲無形，不可得而見者也。故假道路之道為名。人之有行必由
> 於道。……物由是而生，由是而成也。（〈觀物外篇〉上）

則說明以「道」爲天地萬物之至高形上根源之名的理由，以其無聲無形，不可捉摸，故只得假「道路」之「道」爲名。萬物之生成，皆根本於此「道」。故云：

> 是知道爲天地之本，天地爲萬物之本。以天地觀萬物，則萬物爲萬
> 物，以道觀天地，則天地亦爲萬物。(〈觀物內篇〉之三)

此乃就存有層級之高低判然而爲言。若從最高的「道」來看，一切的存有者皆爲道之下貫。故又云：

> 事無大小，皆有道在其間。(〈觀物外篇〉下)

康節復以「太極」名「道」，〔註1〕云：

> 以天地生萬物，則以萬物爲萬物；以道生天地，則天地亦萬物也。
> 道爲太極。(〈觀物外篇〉上)

又謂：

> 太極，道之極也。(〈觀物外篇〉下)

則此「太極」一詞，似乎又凌於「道」之上，實則不然，此「道」乃就前引之「事無大小，皆有道在其間」之「道」而推至極致，故謂「道之極」，其實，「道之極」者，仍爲「道」而已。又云：

> 語其體則天分而爲地，地分而爲萬物，而道不可分也。其終則萬物
> 歸地，地歸天，天歸道，是以君子貴道也。(〈觀物外篇〉上)

以「道」爲最終根源義，故云不可分，即具絕對義，以此，又特稱之爲「一」；〔註2〕就此「道」之作用神妙莫測，亦以「神」名之，〔註3〕云：

> 神無所在，無所不在。至人與他心通者，以其本於一也。道與一，
> 神之強名也。以神爲神者，至言也。(〈觀物外篇〉下)

〔註1〕康節以「太極」一詞代言「道」，而爲最高形上根源的另一指稱，當援引〈繫辭〉之「易有太極」章而來。然〈繫辭〉所用「太極」一詞，據考證，乃借用《莊子·大宗師》之「在太極之先而不爲高，在六極之下而不爲深。」，而用來解釋筮法。指大衍之數或奇偶未分的狀態，乃卦象的根源，故稱之爲太極。參見朱伯崑《易學哲學史》(上)，頁 49。

〔註2〕其用「一」以代稱「道」，則可能淵源於《老子》。《老子》第三十九章「昔之得一者，天得一以清，地得一以寧，……萬物得一以生，侯王得一以爲天下貞。」王弼注曰：「一，數之始，而物之極也。」此處之「一」，當指最高形上根源而言。

〔註3〕其用「神」來言乎「道」之玄妙難測，當本乎《易傳》。如「神無方而易無體。」(〈繫辭上傳〉第四章)「陰陽不測之謂神。」(〈繫辭上傳〉第五章)，即指「道」之作用超越認知而言，非指「鬼神」之「神」。

不論是以「太極」、「一」或「神」來替代「道」之名，皆在於試圖從不同角度來詮解此一最高形上根源。然討論至此，要以此形而上的「道」與形而下的「器」相連接，仍有其困難，康節遂以「氣」之概念貫串之，以為中介而妥為論述，云：

> 氣變而形化，形可分而神不可分。(〈觀物外篇〉上)

又云：

> 氣者，神之宅也；體者，氣之宅也。(同上)
>
> 神亦一而已，乘氣而變化，能出入有無死生之間，無方而不測者也。
> (同上)

「神」，即「道」之作用，全藉「氣」而表現，又其云：

> 精氣為物，形也；遊魂為變，神也。又曰：精氣為物，體也，遊魂
> 為變，用也。(同上)

其所謂「氣」，又稱「精氣」[註4] 其具體之內涵為何？康節以「陰陽」釋之：

> 本一氣也。生則為陽，消則為陰，故二者一而已矣。(同上)

從這裡可以見出，「氣」所代表的，是從絕對的存有層級降落至相對的層級。此乃吾人經驗界所可辨析者。康節從對世界之觀察中，尋出此普遍規律，並據以詮釋一切存有者，此規律即是：一切存有者皆為兩種對立互根之勢用所構成。對於此組對立互根之勢用，康節常以「陰陽」此概念詞組代稱（詳見下節），而若泯其對立之勢而言，即是一「氣」而已。即指最高形上根源之作用，而為吾人所能察究者。

第二節　論宇宙生成律則

關於康節對宇宙生成規律的看法，吾人宜從其論天地之生成以觀之。其云：

> 天之大、陰陽盡之矣；地之大、剛柔盡之矣。陰陽盡而四時成焉，
> 剛柔盡而四維成焉。(〈觀物內篇〉之一)

此顯然是受到《易傳》的影響，[註5] 然而康節雖本之而復有更進一步之說明。其以為，「四時」此一時間範疇，可由「陰陽」概念來涵括之；另，「四維」

〔註 4〕此乃就「精氣為物，遊魂為變。」(〈繫辭上傳〉第四章) 之文而自加疏解。
〔註 5〕即援自「昔者聖人之作易也，將以順性命之理，是以立天之道曰陰與陽，立地之道曰柔與剛，立人之道曰仁與義。」(〈說卦傳〉第一章)

此一空間範疇，可由「剛柔」概念來涵括之。前者屬「天」，後者屬「地」，此乃就人類經驗界之最大範疇，即四季之推移、四方之對待，進而抽取其規律義。康節論天地，意在開展其宇宙論。康節以爲道生天地，天地生萬物，而謂：

> 人皆知天地之爲天地，不知天地之所以爲天地，不欲知天地之所以
> 爲天地則已，如其必欲知天地之所以爲天地，則舍動靜將奚之焉？
> （〈觀物內篇〉之五）

康節不以「知其然」爲饜足，而深究於「所以然」，遂就「道」此一至高層級之下降於天地一層，而析辨其間涵括之二大勢用，即「動靜」。並就「動靜」此一存有層級而言，以「動」爲天之所本，「靜」爲地之所本。循此脈絡，層層辨析，而云：

> 天生於動者也，地生於靜者也，一動一靜交而天地之道盡之矣。動
> 之始則陽生焉，動之極則陰生焉，一陰一陽交而天之用盡之矣。靜
> 之始則柔生焉，靜之極則剛生焉，一剛一柔交而地之用盡之矣。動
> 之大者謂之太陽，動之小者謂之少陽。靜之大者謂之太陰，靜之小
> 者謂之少陰。太陽爲日、太陰爲月、少陽爲星、少陰爲辰。日月星
> 辰交而天之體盡之矣。靜之大者謂之太柔，靜之小者謂之少柔、動
> 之大者謂之太剛、動之小者謂之少剛，太柔爲水、太剛爲火、少柔
> 爲土、少剛爲石，水火土石交而地之體盡之矣。（〈觀物內篇〉之一）

這段論述在其哲學體系中極具重要性。在此，康節運用數組對立之名詞以論述天地之形成。由其論述中，明白表示了這些對舉的詞組不但具對立義，並且由於「物極必反」的理則，更具互根義。計其所用之詞組，有「動靜」、「陰陽」、「剛柔」、「極始」、「大小」、「太少」、「體用」。其中以「動靜」爲主軸，而在其不同存有層級，根據對立互根之特性，交錯出其餘各組對舉詞組的相對意義。

此所謂「一動一靜交」即已表示「動靜」二勢用並非單獨作用，而乃交互轉化。「動之始則陽生焉，動之極則陰生焉，……靜之始則柔生焉，靜之極則剛生焉。」已屬「一動一靜」的下一存有層級，在此層級中，乃由其上層之「一動一靜」以「始極」爲分的方式交互作用而形成。「動之始」爲「動」其對應概念爲「陽」；「動之極」反爲「靜」，對應於「陰」；「靜之始」爲「靜」，對應於「柔」，「靜之極」反爲「動」，對應於「剛」。再次一存有層級，則就

此層級已轉化之「動靜」再以「大小」的對立概念而分,而謂「動之大者謂之太陽,動之小者謂之少陽……動之大者謂之太剛,動之小者謂之少剛。……。」

康節如此不憚其煩的推究辨析,無非在盡力陳述其思辨所得:認為在一切存有者中,依其各屬之層次,自身皆具有對立轉化之可能,亦即指出,皆屬於相對而互根的兩種勢用所構成。「動靜」,具有客觀意義之指涉,康節運用此概念,對之進行存有層級上的推演析論,然後再對應於原屬吾人主觀設定之「陰陽剛柔」、「太陽少陽……太剛少剛」等概念詞組,對之做各層級意義的聯屬。除用來說明宇宙運行的規律,並與具體事物如「日、月、星、辰、水、火、土、石」進行類比意義的對應,並用「體用」詞組來界定抽象規律與具體存有二者之不同存有層級。

然而,由於「陰陽」此一詞組於吾人文化淵源中具習慣用語之特別地位,故在康節學說中的指涉意涵,在實際運用上,不僅比列於與「剛柔」所屬之同一層級,更往往超越於此,統攝其思想體系中之一切相對互根的概念,而做為其思辨時之最大範疇,亦即躍上最初始之「動靜」層次,涵括其義而進行對一切存有者之說明。以下舉例說明之:以「陰陽剛柔」為同層級之概念者,如:

> 本乎天者,分陰分陽之謂也。本乎地者,分剛分柔之謂也。夫分陰分陽、分剛分柔者,天地萬物之謂也。(〈觀物內篇〉之十一)

又如:

> 天半明半晦,日半盈半縮、月半盈半虧、星半動半陰,陰陽之義也。
> 陽中有陰、陰中有陽,天之道也。(〈觀物外篇〉上)

此乃從對自然界之具體事物之觀察中而歸納出普遍律則,賦之以哲學上之意義;以「陰陽」屬天,說明其律動義。另,取代「動靜」之層級而總釋天地者,如云:

> 一陰一陽之謂道。……一陰一陽,天地之道也,物由是而生,由是而成也。(同上)

或配以「動靜」,而云:

> 在天則陽動而陰靜,在地則陽靜而陰動。(〈觀物外篇〉下)

可見康節思想體系中「陰陽」之概念,以狹義言,則與「剛柔」同列,用以解釋天之律動義;以廣義論,則一切存有之對立概念,皆得以用「陰陽」而涵括之。

康節並反復申言「陰陽」律則的對立互根性。言其對立義則云：

> 陽能知而陰不能知，陽能見而陰不能見也。能知能見者爲有，故陽
> 性有而陰性無也。
>
> 陽有所不徧，而陰無所不徧也。陽有去而陰常居也。無不徧而常居
> 者爲實，故陽體虛而陰體實也。（〈觀物外篇〉上）

此乃將數組對立概念分別劃入「陰陽」範疇中，「陽有去而陰常居」，賦予「陽」變動轉化義，而「陰」則反之。「陽體虛而陰體實」，則就「陽」之非形質性而言，「陰」則反是。言其互根義則云：

> 陽得陰而生，陰得陽而成。（同上）
>
> 陽者道之用，陰者道之體；陽用陰，陰用陽。（同上）
>
> 陽不能獨立，必得陰而後立，故陽以陰爲基。陰不能自見，必待陽
> 而後見，故陰以陽爲唱。（同上）
>
> 陽去則陰竭，陰盡則陽滅，陰對陽爲二，然陽來則生，陽去則死。（同
> 上）

由於康節賦予「陰陽」概念如此豐富且條理分明的意涵，遂得以在詮釋此宇宙之一切存有者時，推得陰陽的組合方式及比例，決定存有者性質的獨特看法：

> 一氣分而陰陽判，得陽之多者爲天，得陰之多者爲地，是故陰陽半
> 而形質具焉，陰陽偏而性情分焉；形質又分，則多陽者爲剛，多陰
> 者爲柔也，性情又別，則多陽者，陽之極也；多陰者，陰之極也。（同
> 上）

以此「陰陽」概念與存有層級的配合爲間架，正相應於其體系井然的易學系統，〔註6〕遂得轉而運用之，以範圍天地之化，自成一家之學。由此可見「陰陽」對立轉化律則的理論意義，在康節思想體系中，乃屬不可輕忽的重要環節。

〔註 6〕康節之先天易學，其卦爻符號之變化，乃層層推演，由對立面而分化無窮，
當即由「觀物」思想所得之「陰陽」概念擴展。然此一「對立互根」及「衍
化無窮」的理念，在《易傳》中已明顯呈現，如〈序卦〉中即以卦卦相連，
周流不息，〈雜卦〉更將六十四卦概分爲三十二組對立面之構成。此均對康節
思想大有啓沃。

第三節 「類」與「類推」概念的運用

從「觀」天地中，康節歸納出「陰陽」對立互根律則，並認識到此一律則不但作用於每一存有層級，且作用於各層級間。對於康節此一理論，近人方東美援引了英人吉恩凱因斯所提出的「有限變異性原理」此一名辭，以及邏輯上所謂「定向分析」的方法來作詮解。方氏解釋「有限變異性原理」時說：

> 把無窮現象、無窮事物、無窮境界裡面的內容，加以歸類，歸類成
> 幾個重要的大的項目，然後就這些項目，來分層研究，……。〔註7〕

解釋所謂「定向分析」則說：

> 把大規模的現象，化成細微的結構，然後再化成分子構造、原子構
> 造、核子構造，這樣一來，再行分析它，以求獲得更精確的了解。
>
> 〔註8〕

方氏用此二者說解康節，倒也得其理趣。康節乃運用存有層級與「類」之概念，配合其體察而得的「陰陽」對立互根之律則，進而對一切存有者，即其特具意涵之「物」，做合理的解釋與說明。如其先辨乎「天變」與「地化」二大類，〔註9〕而云：

> 日為暑，月為寒，辰為夜；暑寒晝夜交而天之變盡之矣。水為雨，
> 火為風，土為露，石為雷；雨風露雷交而地之化盡之矣。暑變物之
> 性，寒變物之情，晝變物之形，夜變物之體；性情形體交而動植之
> 感盡之矣。雨化物之走，風化物之飛，露化物之草，雷化物之木；
> 走飛草木交而動植之應盡之矣。（〈觀物內篇〉之一）

這段話是順著其論述「天地」（同上）的脈絡而來。從前於此段的之於「天地」生成的描述，在此又以類比對應的方式，遞次而降的對存有層級作指涉。以「日月星辰」與「暑寒晝夜」類比對應而解說「天」；以「水火土石」與「雨風露雷」類比對應而解說「地」；指出層級間並非獨立自存，而有著交互律動意義的「交」的作用關聯。從層級之間的交互作用，產生了「物」的「性情形體」與「走飛草木」。復本之於對立互根的轉化作用，而有「變」、「化」及

〔註7〕 參見方東美《新儒家哲學十八章》第十五講〈邵康節的擬似科學的宇宙觀〉，
      頁239。
〔註8〕 同前註，頁241。
〔註9〕 所謂「天變」與「地化」，「『化』指幽微的變化，『變』，指顯著的變化。」參
      見註7第十六講〈皇極經世的中心思想〉，頁249。

「感」、「應」之別。〔註10〕承此所論，其下又云：

> 走感暑而變者，性之走也；感寒而變者，情之走也；感晝而變者，形之走也；感夜而變者，體之走也。飛感暑而變者，性之飛也；感寒而變者，情之飛也；感晝而變者，形之飛也；感夜而變者體之飛也。草感暑而變者，性之草也；⋯⋯感夜而變者，體之木也。（同上）

又云：

> 性應雨而化者，走之性也；應風而化者，飛之性也；應露而者化者，草之性也；應雷而化者，木之性也。情應雨而化者，走之情也；應風而化者，飛之情也；應露而化者，草之情也；應雷而化者，木之情也。形應雨而化者，走之形也；⋯⋯應雷而化者，木之體也。（同上）

顯然是各就「走飛草木」及「性情形體」而細分其各自統攝於下之存有層級，仍是本於「交」之作用而言。在其論述中，存有層級遞次下降是爲縱向之互比；共存同一層級而爲橫向互比，則產生「類」別，「類」中再以交互作用之故，則又可析分出位乎其下層級的數「類」。例如：以「走」爲論析之基本層級，然後分就其所「感」於「暑寒晝夜」之不同，則可分出再下一層級，即以「性情形體」爲分之「走」所構成者，而此中「暑寒晝夜」與「性情形體」的對應，便是「類推」的關係。職是，宜對康節學說中之「類」概念及「類推」作用，稍事探討。

康節之使用「類」概念，明顯地是受到《易傳》的啓迪，如：

> 方以類聚、物以群分。（〈繫辭上傳〉第一章）

> 觸類而長之，天下之能事畢矣。（〈繫辭上傳〉第九章）

> 其稱名也小，其取類也大。（〈繫辭下傳〉第六章）

而就「類推」之對應作用，顯然亦是《易傳》的影響：

> 乾爲天、爲圜、爲君、爲父、爲玉、爲金、爲寒、爲冰、爲大赤、爲良馬、爲老馬⋯⋯。兌爲澤、爲少女、爲巫、爲口舌，爲毀折、爲附決。其於地也，爲剛鹵。爲妾、爲羊。（〈說卦傳〉第十一章）

〔註10〕 方東美指出：「天地變化而後，隨即產生感應的作用。這個感應作用的思想，並不是周易本身的思想，而是戰國末期『易緯』的思想。比如在『周易乾鑿度』裡面，所謂的『天地兩間』，是以交錯的律動的變化向前推進；⋯⋯。據邵康節看起來，『天象』同『地理』，『天變』同『地化』，是錯綜進行，互相感應的，它不是孤立的系統，而是機體的組織。」同前註，頁250。

康節用到「類」與「類推」概念之處極其頻繁。言乎「類」者，如：

> 草類之細入於坤。(〈觀物外篇〉下)

> 馬牛皆陰類，細分之，則馬爲陽而牛爲陰。(同上)

> 風類水類，大小相反。(同上)

運用「類推」之義則如：

> 雲有水火土石之異，他類亦然。(同上)

> 禽蟲之卵，果穀之類也；穀之類多子，蟲之類亦然。(同上)

> 水之木，珊瑚之類是也；石之花，鹽硝之類是也。(同上)

> 鷹雕之類食生，而雞鶩之類不專食生；虎豹之類食生，而貓犬之類
> 食生又食穀，以類推之，從可知矣。(同上)

同時指出，萬物各依其「類」之特質而各有所應，其云：

> 發於性則見於情，發於情則見乎色，以類而應也。(同上)

並且依其「人亦物」之理論，而將人歸類，繫之於「走類」。其云：

> 動物自首生，植物自根生。自首生命在首，自根生命在根。人寓形
> 於走類者何也？走類者，地之長子也。體必交而後生，故陽與剛交
> 而生心肺，……天地有八象，人有十六象，何也？合天地而生人，
> 合父母而生子，故有十六象也。……草木者地之體也，人與草木皆
> 反生，是以倒垂也。(同上)

以上所引康節對「類」、「類推」的靈活運用，以對應於實然世界的事物，全
是依哲學向度之概念意義而進行說解的。從對一切存有者的認識，即「觀物」
之所得，分析其類別，並辨識相互間的關聯與作用，從而得以對天地萬物做
適當的解釋。雖然不免受到時代科學知識進展的限制，然而其理論意義，正
不在此。其重點實在於說明一切存有者間，在存有層級上雖各有所屬之別異，
然而卻基於交互律動的作用，彼此是交感互應的。亦即指出，整個宇宙（「天
地萬物」）乃是一個整體的存在。如果吾人不能明於此一分際，而乃責其以實
證科學之詮解，則於康節思想，將不相應矣。

第四節　人爲萬物之靈

康節從其「觀物」的過程中，層層辨析，其最終目的在於爲「人」在一
切存有者，即其特殊定義之「物」中，尋得一適當定位。經過運用「類」的
概念與存有層級的類比對應，並就此種種層級再行互比定位，康節遂得致「人

爲萬物之靈」的結論，且每以此發爲吟詠，如：

> 萬物有精英，人爲萬物靈。(《擊壤集》卷十七〈感事吟五首〉)
>
> 至靈之謂人。(《擊壤集》卷八〈至靈吟〉)
>
> 天生萬物，各遂其一，唯一最靈，萬物能并。(《擊壤集》卷十〈偶書〉)
>
> 日爲萬象精，人爲萬物靈。(《擊壤集》卷十一〈偶得吟〉)
>
> 天地生萬物，其間人最靈。(《擊壤集》卷十八〈人靈吟〉)
>
> 物爲萬民生，人爲萬物靈。(《擊壤集》卷十二〈接花吟〉)

關於人靈於萬物的論調，在中國傳統思想中，淵源久遠，屢屢見述於許多著作中，如《禮記》云：

> 故人者，其天地之德，陰陽之交，鬼神之會，五行之秀氣也。(《禮記・禮運》)

荀子亦云：

> 水火有氣而無生，草木有生而無知，禽獸有知而無義；人有氣有生有知，亦且有義，故最爲天下貴也。(《荀子・王制》)

又如與康節同時之學者，如周濂溪，亦云：

> 惟人也，得其秀而最靈。(《太極圖說》)

可以見出，「人爲萬物之靈」乃爲普遍之概念。若深究康節論及此旨有何與他人或異之處，便在於其以類比層次之不同，而證成此說。康節先將天地萬殊之物分門別類，並觀察其特出處，如其云：

> 性之走善色，情之走善聲，……形之木善氣，體之木善味。(〈觀物內篇〉之一)
>
> 走之性善耳，飛之性善目，……草之體善口，木之體善鼻。(同上)

論及人則云：

> 夫人也者，暑寒晝夜無不變，雨風露雷無不化，性情形體無不感，走飛草木無不應。目善萬物之色，耳善萬物之聲，鼻善萬物之氣，口善萬物之味，靈於萬物，不亦宜乎。(同上)

又云：

> 人之所以能靈於萬物者，謂目能收萬物之色，耳能收萬物之聲，……聲色氣味者，萬物之體也。目耳鼻口者，萬物之用也。體無定用，惟變是用，用無定體，惟化是體。體用交而人物之道於是備矣。(〈觀物內篇〉之二)

綜其所論，可以見出，其以爲人靈於萬物的理由，乃是從感官認識的偏全推論，以爲萬物各得所善所應之一，而人則全備。職是，由存有層級與類之概念的比例，適足以見出人之層級高於相對的萬物。以人之高於萬物，故康節謂：

　　人之貴，兼乎萬類。（〈觀物外篇〉下）

　　人之類，備乎萬物之性。（同上）

以「備乎萬物之性」之故，人遂得成爲「萬物之靈」。論証至此，康節更進而言及「天人合德」、「天人合一」之理念。

第五節　「天人合一」之理念

　　「天人合一」雖爲康節思想之重要理念，然因前人已有專治於此之著作，〔註11〕故在此只擬就相關於康節「歷史哲學」者，予以概略性之說明。

　　於中國文字中，「天」之義在於不同的陳述語句，其意涵與指涉頗爲迴異，康節言及「天」處，亦是歧義紛出，〔註12〕若欲詳其特定之指涉，惟有從對文句之思想脈絡的辨析著手。

　　康節云：「天使我有之謂命。」（〈觀物外篇〉上），又云：「學不際天人，不可謂之學。」（〈觀物外篇〉下）於此類論述「天、我」或「天、人」之關係的語句中，所用「天」之一字，（有時名爲「昊天」）顯然指形上義理之天而言，具有等同於最高形上根源「道」之意涵。其《擊壤集》中，涉及此「天人」論題者極多，如云：

　　天人之際只些子，過此還同隔五湖。（卷七〈偶得吟〉）

　　物我中間難著髮，天人相去豈容絲。（卷十七〈病淺吟〉）

　　天人之際豈容鍼，至理何煩遠去尋。（卷十七〈天地吟〉）

顯見康節之於「天人之際」，係肯認有「合一」之可能，此乃經由「觀物」之層層辨析而得之結論。如前節所述，康節以層級之互比作用，辯證「人」因兼備萬物之性，故所屬之存有層級爲最高者，號爲「萬物之靈」。亦即指出「人」

〔註11〕如趙玲玲《邵康節觀物內篇的研究—天人合一理念的探索》即是。讀者若有興趣，可自行參考。

〔註12〕趙玲玲指出：「邵子所言之天，雖有自然之天，物質之天……等多種意義，但其天人合一理念中的『天』字，則僅是指形而上的義理之天。」同前註，頁46～47。

所受之於「天」，相對於其他萬物而言，最爲全備，然而，在「人」此一層級中，若經互比予以細分，仍有萬殊之別，康節謂：

> 夫人者，天地萬物之秀氣也，然而亦有不中者，各求其類也。若全得人類則謂之曰全人之人。夫全類者，天地萬物之中氣也，謂之曰全德之人也，全德之人者，人之人者也。夫人之人者，仁人之謂也，唯全人然後當之。（《漁樵問對》）

認爲「人」一層，由於賦性「所得」之不同，仍有偏全的殊異，而其間之最高存有層級者，則爲「人之人」（又名之爲「仁人」、「全人」、「全德之人」），此「人之人」，康節又以「聖人」名之，云：

> 是知人也者，物之至者也；聖人者，人之至者也。物之至者，始得謂之物之物也；人之至者，始得謂之人之人也。夫物之至者，至物之謂也；而人之至者，至人之謂也。以一至物而當一至人，則非聖而何？人謂之不聖，則吾不信也。（同上）

就秉於「天」之「形」而言，「聖人」與眾人並無二致，其殊異只在於能否「踐形」經由「反觀」而「備萬物」，終能：

> 以一心觀萬心，一身觀萬身，一物觀萬物，一世觀萬世者焉。又謂其能以心代天意，口代天言，手代天工，身代天事者焉；又謂其能以上識天時，下盡地理，中盡物情，通照人事者焉；又謂其能以彌綸天地，出入造化，進退今古，表裏人物者焉。（〈同上〉）

自此即可見出，康節「天人合一」之理念，顯然是由「聖人」之能「代天」的向度予以概括的。而至於康節所肯認能與天合一的「聖人」，從其「歷史哲學」中最根本的理論基礎——「天時與聖經相表裏」來看，當指孔子而言，其云：

> 仲尼生魯在吾先，去聖千餘五百年，今日誰能知此道，當時人自比於天。皇帝王伯中原主，父子君臣萬世權。河不出圖吾已矣，修經意思豈徒然？（《擊壤集》卷十二〈仲尼吟〉）

又云：

> 昊天之盡物與聖人之盡民皆有四府焉。昊天之四府者，春夏秋冬之謂也，陰陽升降於其間矣。聖人之四府者，易書詩春秋之謂也，禮樂污隆於其間矣。……昊天之四府者，時也，聖人之四府者，經也。昊天以時授人，聖人以經法天，天人之事當如何哉？（〈觀物內篇〉之三）

亦即指出，觀乎聖人（此指孔子）所制之經，則天時可知矣。聖人爲人之典範，以能「反觀」而兼備萬物，存有層級至高故可以法天。康節將歷史政治型態的演變概分爲四類「皇帝王伯」，而用聖人制作的「易書詩春秋」類比：

> 此四者，天地始則始焉，天地終則終焉，始終隨乎天地者也。（〈觀物內篇〉之五）

先認定「天時」與「聖經」，屬於同一層級，於是經過類比對應的作用，由「經」之因革，即可推得「時」之損益。如其云：

> 仲尼曰：「殷因於夏禮，所損益可知也，周因於殷禮，所損益可知也，其或繼周者，雖百世可知也。」如是，則何止於百世而已哉？億千萬世皆可得而知之也。（同上）

「基於此，邵子認爲就四經所載之因革，不但可知命世者百世之損益，而且億千萬世之損益，亦可得而知之。換言之，孔子的事業，是與天地共久遠的。」〔註13〕康節景仰孔聖，而有效述之志，如其云：

> 仲尼脩經周平王之時，書終於晉文侯，詩列爲王國風，春秋始於魯隱公，易盡於未濟卦。予非知仲尼者，學爲仲尼者也。（〈觀物內篇〉之六）

是故黃畿評曰：「故仲尼脩經，爲《經世》之所取法也。」〔註14〕而劉斯組則謂康節乃「欲學仲尼，而漢後之興衰可睹矣。」〔註15〕皆爲針對康節《皇極經世》一書之立意與淵源，予以說明。「天人合一」理念，正爲其效述孔子的思想基礎。

　　總前數節所述，可知康節乃由「觀物」以詳究天地萬物之總根源及宇宙生成之規律，並藉由「類」的作用，對「物」做層級之互比，而各有其定位，遂得出「人爲萬物靈」的結論，再基於此一論證，導出「天人合一」的理念，終於建構了「先天易學」象數易學系統的類比結構，發展出其獨特的詮釋系統。其以古今歷史之消長興衰類比對應，除了爲用來證成其學說之合理性外，同時亦成就了殊異他人的歷史哲學。此下數章，將順勢展開對「先天易學」及其「歷史哲學」的辨析與討論。

〔註13〕同前註，頁29。
〔註14〕見王植《皇極經世書解》卷六引，頁22。
〔註15〕見劉斯組所述之《皇極經世書‧緒言》卷五，頁21。

第四章　「先天易學」概說

第一節　淵源

康節之「先天易學」，據其子伯溫《易學辨惑》云：

> 先君受易於青社李之才，字挺之，爲人倜儻不群，師事汝陽穆修伯長，……修字伯長，汝陽人……師事華山處士陳摶圖南，而傳其學。……圖南以上傳授，不可悉考。〔註1〕

又朱子亦謂：

> 蓋邵氏得之李之才挺之，挺之得之穆修伯長，伯長得之華山希夷先生陳摶圖南者，所謂先天之學也。〔註2〕

皆以「先天」之學，乃陳摶三傳而至康節。然而朱震《漢上易傳》則云：

> 陳摶以先天圖傳种放，种放傳穆修，穆修傳李之才，之才傳邵雍。
>
> 〔註3〕

其間多出一种放，至是，言此先天易學，遂有由陳摶三傳及四傳至康節兩種說法，孰是孰非？高師仲華博覽群書，考證綦詳，云：

> 其謂自希夷三傳而至康節者，則邵伯溫、王禕、朱子之流是也。邵伯溫曰：「先君易學，微妙玄深，不肖所不得知也。其傳授本末，則受易於李之才挺之，挺之師穆修伯長。伯長師陳摶圖南。」……其謂自希夷四傳而至康節者，則朱震是也。震進漢上易集傳表曰：「陳

〔註1〕見邵伯溫《易學辨惑》，頁1～7。
〔註2〕見朱熹《周易本義》所附〈伏羲六十四卦方位圖〉圖後之說明。
〔註3〕見朱震《漢上易傳》〈易卦圖〉卷上。

搏以先天圖傳种放，放傳穆修。修傳李之才，之才傳邵雍。」震謂：
陳搏傳种放，放傳穆修；與伯溫等謂穆修逕受學於陳搏者異；蓋本
於晁說之之說。……然伯溫爲康節之子，述其父易學之淵源，自較
可徵信，說之之言，不知何據；漢上本之，恐亦未之深思。程子論
康節，謂「先生之學，得之李挺之，挺之得之穆伯長，推其源流，
遠有端緒。」僅及李穆，而不及种陳，蓋其慎也。〔註4〕

高師所言，確爲的論。大程子未曾溯及种放及陳搏，〔註5〕高師許之爲「慎」，
然而程子所以如此，或有基於維護康節儒學正統的苦心，蓋以陳搏乃未初聞
名的道士，因而諱言。是故諸說中，要以「三傳」之說較爲可信。然陳搏以
上之傳授則渺遠難考。惟朱熹謂：

魏伯陽《參同契》，恐是希夷之學，有些是其源流。〔註6〕

又云：

先天圖傳自希夷，希夷又自有所傳。蓋方士技術用以修煉，《參同契》
所言是也。〔註7〕

又云：

凡此非某之說，乃康節之說，非康節之說，乃希夷之說，非希夷之
說，乃孔子之說，但當日諸儒既失其傳，而方外之流陰相傳受，以
爲丹竈之術，至於希夷、康節，及反之於易，而後其說乃得復明於
世。〔註8〕

朱子雖有將其歸本於孔子失傳之學之意，然較爲確言的，是認爲源於魏伯陽的
《參同契》，後人遂多以此訾議康節。近人尚秉和深於易學，尤精焦氏《易林》，
對幽隱千載的易象，抉剔發明，發現《易林》有合於「先天易」者。尚氏云：

先天方位，至魏晉而失傳。以余所考得，西漢焦延壽，于先天方位無
不知，《易林》皆用之。……是先天方位，在兩漢皆未失傳。至魏晉
管輅……則以先天位已失傳。……歷魏晉迄唐，無有知者。至宋邵子
揭出，易始大明。……他若《乾鑿度》，言先天義尤多也。〔註9〕

〔註4〕參見高師仲華〈易圖書學傳授考源〉，收錄於《高明經學論叢》。
〔註5〕程顥之說，詳見其爲康節所撰之〈墓誌銘〉。
〔註6〕朱熹《朱子語類》卷六十五。
〔註7〕同前註，卷一百。
〔註8〕見朱熹《朱文公文集》卷三十八之〈論先天圖答袁機仲書〉。
〔註9〕參尚秉和《周易尚氏學》總論第十一〈論先後天之方位〉。

李師周龍，亦從對現存《易林》之研究，分就「卦位」與「卦數」二項，詳細考辨，證成《易林》多用先天八卦：

> 由此可知，先天八卦之說，其所由來尚矣。西漢之時，已多見徵引，
> 不必待北宋的陳摶畫伏羲八卦的次序與方位圖才有。〔註10〕

是則「先天易學」之淵源，尚可溯至西漢易學，康節師承脈絡固有方外之跡，然而就儒學源流而言，實又前有所本也。

第二節　釋名

康節之學，固然師承有自，且可稍識其源流，然而所謂「先天易學」之完成，應歸諸康節自得，邵伯溫云：

> 先君之學，雖有傳授，而微妙變通，蓋其所自得也。能兼明意、言、
> 象、數之蘊，而知易之體用，成卦立爻之所自。嘗有詩曰：「誰信畫
> 前元有易，須知刪後更無詩。」〔註11〕

《宋史》本傳亦稱其：

> 之才之傳，遠有端緒，而雍探賾索隱，妙悟神契，洞徹蘊奧，汪洋
> 浩博，多其所自得者。〔註12〕

康節妙悟神契，所謂「先天易」者，至此方成一家之學。其學雖遠而牝名伏羲氏之易，然而其間象、數、理之精深微妙，則爲其深造曲暢，自立新解以成。吾人欲解其易學，則宜先對「先天易學」一詞之意涵，略做辨析，茲先論「先天」之義，後及「先天易學」。

一、「先天」

「先天」、「後天」之詞，顯爲援自《易傳》之文：

> 先天而天弗違，後天而奉天時。（〈文言〉釋乾卦九五爻）

原義是用來描述「大人」的盛德。康節引此而謂：

> 先天天弗違，後天奉天時，弗違無時虧，奉時有時疲。（《擊壤集》
> 卷十六〈先天吟〉）

乃對《易傳》原文，賦予他個人的解釋。如其云：

〔註10〕 參李師周龍〈現存易林研究〉，收錄於李著《易學拾遺》。
〔註11〕 同註1，頁7。
〔註12〕 見《宋史》427卷。

若問先天一字無，後天方要著功夫。(《擊壤集》卷十七〈先天吟〉)

是知，「先天」當指生而即有之義，「後天」則是經由人為而獲得。

又云：

先天之學，心也，後天之學，跡也。(〈觀物外篇〉上)

從文字脈絡中，即可見出，「先天」之相對於「後天」，至少蘊藏有「先驗」之相對於「經驗」之義；然「先天」一詞，絕非僅以知識論之「先驗」一義，所能概括，蓋康節哲學乃兼包形上學與知識論兩大領域之故也。先就「知識論」之範疇言，如裘正所指出：

在此是說主觀的先天系統，須配以客觀的後天系統，方為完整的知識意義，而先天之學是先天主觀，非人為創設的。而後天之系統，則是根據具體客觀的外在現象而由人為創設的。〔註13〕

是「先天」乃在說明人「心」形成知識的先驗性。如康節云：

先天之學，心法也，故圖皆自中起，萬化萬事生乎心也。(〈觀物外篇〉上)

謂「先天」之學為「心法」，王震釋之，云：

心之官則思，心法者，思之法則也。〔註14〕

「心法」，其內涵實指認識主體──「心」，所運作的法則。人與宇宙間之萬化萬事，同為最高形上根源「道」所不貫者，吾人之能認知此萬化萬事，即是根本於「道」內化於我之所形成的「認知作用」，即所謂「心法」，而後方能與相對應之事物交感相應。超乎吾人「認知作用」之外者，即無此相應之「心法」，則事物之存在與否，對吾人而言，完全失去認識的可能，即使實然地存在，然而吾人亦無由認知，故謂「萬化萬事生乎心」。

職是，可以得知，就知識論範疇言，「先天」一詞，乃指涉於主觀而非經驗界的客觀意義。如其云：

天行不息，未嘗有晝夜，人居地上以為晝夜。(〈觀物外篇〉上)

這裡指出，「晝夜」之詞組，是由人類主觀意識所產生，並對人類構成認知上的意義。惟有透過「先天」即有的「認知作用」的開顯，吾人才能認知此客觀外在之世界。換句話說，人之所以會知覺一年四季寒暑之消長變化，並不是外在的客觀世界有如此的規律，而是必須經由主體內在認知的發用而去了

〔註13〕參見裘正〈邵雍先天易學之哲學意義〉。

〔註14〕見王震〈皇極經世要略〉，收錄於王著《易學五書》。

解的，「於是諸如寒暑晝夜，四時變化之對稱性及週期性（消長性），都是只對「心」亦即認知主體具有意義的，反之若無此主觀內在的範疇，吾人也無法去眞正知解客觀外在的種種意義。」〔註15〕此即康節所謂：

> 人心先天天弗違，人身後天奉天時。(《擊壤集》卷十八〈推誠吟〉)

以及：

> 身在天地後，心在天地前，天地自我出，自餘何足言。(《擊壤集》
> 卷十九〈自餘吟〉)

在此，「先天之學，心法也」，即指人心的先驗法則而言。然而，人心何以得有此先驗法則，則又必須上溯至「道」的層面，從形上領域找尋合理的解釋，則「心」之一義，當不局限地指人心而言，又可視爲「天地之心」：

> 天地之心者，生萬物之本也。(〈觀物外篇〉上)

> 楊雄作元（玄），可謂見天地之心者也。(〈觀物外篇〉下)

「天地」爲「至大之物」，可盡包宇宙之萬事萬物而言，固不限於「人」之一物。若依此「心」之義而言「先天」，則其所指，當如高師懷民所謂：

> 宇宙自然有一個本然存在的秩序或本然存在的理性，此秩序或理性
> 在萬物未生之前已存在，而萬物之變化生生即循著此一秩序或理性
> 而進行。〔註16〕

就此「理性、秩序」之「本然存在」而言，則「先天」一詞，又爲康節形上思想所統攝矣。

二、「先天易學」

「先天」一義如前所述，則「先天易學」者，乃以易學之形式與符號，呈顯「先天」而有之理，爲自然而然，不假人力安排之學。康節以爲，易學乃「本乎伏羲，而備於文王。」〔註17〕遂將易學二分，謂「伏羲之易」爲「先天易學」；「文王之易」爲「後天易學」，「伏羲」者「本」，「文王」者「用」，而稱：

> 乾坤縱而六子橫，易之本也。震兌橫而六卦縱，易之用也。先天之
> 學心也，後天之學迹也。(〈觀物外篇〉上)

〔註15〕同註13。
〔註16〕參見高師懷民〈邵雍先天易論史述評〉。
〔註17〕見邵博《河南邵氏聞見後錄》卷五。

此則從形式上的卦位不同，區分「先天之學」與「後天之學」，前者係以乾坤坎離爲四正卦（四正，指東南西北四正方），後者則以坎離震兌爲四正卦。（「先天易學」之內容詳參第五章，「後天易學」茲從略）朱熹〈答袁機仲書〉論「先、後天學」之別，云：

> 蓋自初未有畫時，說到六畫滿處者，邵子所謂先天之學也，卦成之後，各因一義推說，邵子所謂後天之學也。〔註18〕

又云：

> 據邵氏說先天者，伏羲所畫之易也，後天者，文王所演之易也，伏羲之易，初無文字，只有一圖以寓其象數，而天地萬物之理、陰陽始終之變具焉。文王之易即今之《周易》，而孔子所爲作傳者是也。
> 〔註19〕

故《周易本義》前錄諸圖，即以「伏羲」名「先天」圖式，「文王」名「後天」圖式。「先天易」一詞，朱伯崑云：

> 邵雍認爲，其先天圖式，非人力有意編造出來的，而是自然而有的，故稱其爲先天。至于以伏羲畫卦爲先天，此說不始於邵雍。晉干寶說：「伏羲之易小成，爲先天。神農之易中成，爲中天。黃帝之易大成，爲後天。」（何楷《周易訂詁》引）邵雍以伏羲之卦爲先天，可能受干寶說的影響。〔註20〕

以伏羲易爲「先天」，其說固不起自康節，惟今傳「先天易學」之思想內涵，則爲其所自得者。康節云：「圖雖無文，吾終日言而未嘗離乎是」，圖有卦而無文，然天地萬事萬物生成變化的道理，已盡備於是。此種「以圖說易」的學風，乃自陳摶一脈而來。至於對圖的闡發，朱伯崑則謂：

> 但就其對圖式的解說看，其所依據的思想資料則來于《易傳》，特別是《繫辭》和《說卦》。就這一方面，其易學又是對《繫辭》和《說卦》的發展。〔註21〕

《易傳》以其深具形上思維，故爲康節建構其形上學之重要依據，然於前人對《易傳》之成說，康節則少有採用，每自立新解，重爲詮釋，故其學自成一派，而爲宋代重要易學哲學家。

〔註18〕見《朱文公文集》卷三十八〈答袁機仲書〉。
〔註19〕同前註。
〔註20〕參見朱伯崑《易學哲學史》（中），頁120。
〔註21〕同前註。

第三節　特色

一、以「數」爲中心

　　康節之「先天易學」，固然被歸屬於「象數易」，以別異於所謂的「義理易」。然而單就易學中的「象數易」而言，「先天易學」與兩漢之「象數易」，則又同中有異。其同處，除了象、數等符號在意義之設定與運用上的豐富與多面外，也對「卦氣」與「納音」加以注重與發揮，王震指出：

> 今按其書，即以乾一至坤八而衍元會運世，實遠宗卦氣，以乾一至
> 坤八，而爲聲音唱和，亦紹納音，皆漢人之易學也。〔註22〕

其不同處，則在於先天易學以「數」爲中心的特色，認爲象數關係是「數生象」，故又被稱爲「數學」，〔註 23〕並且成爲康節易學上的特色，而與兩漢易學有別。

　　「象數」二者每每並稱，而爲「象數易學」的兩大表徵，「易象」指卦象、爻象、陰陽剛柔之象而言，「易數」則指大衍之數、奇偶之數、天地之數、七八九六等數而言。然則二者關係如何？孰先孰後？高師仲華有清楚的說明，云：

> 就布著極數之所用言，則象由數生；就布著極數之方法言，則數由
> 象生；象與數之關係不外如此。〔註24〕

康節言象數，則謂：

> 象起於形，數起於質。（〈觀物外篇〉上）
>
> 太極一也，不動生二，二則神也。神生數，數生象，象生器。（〈觀
> 物外篇〉）
>
> 太極不動，性也。發則神，神則數，數則象，象則器，器則變，復
> 歸於神也。（同上）

康節以爲「數生象」，則當是由「布著極數之所用」的角度來看待二者的關係。必須指明的是，這裡所說的「生」，乃指邏輯意義上的先後關係而言，並非時空上的先後序列，不具經驗性，乃是抽離了時空而言的。

　　康節更進一步的指出，物皆有數，故可以「以數推」：

〔註22〕同註 14。
〔註23〕如程顥云：「堯夫欲傳數學於某兄弟，其兄弟那得功夫，要學須是二十年功夫。」
　　　　（《宋元學案・百源學案》引）
〔註24〕參見高師仲華〈易象探原〉，收錄於《高明經學論叢》。

　　　天地一物也，亦有數焉。……凡飛走之物皆可以數推。（同上）

因其認爲，揲蓍求卦的過程，便是宇宙生成的過程，故可用數的演化來說解之，云：

　　　乾坤生自奇偶，奇偶生自太極。（同上）

乾坤爲卦象，乃由奇偶之「數」派生，「數學派」的特徵，極其顯著。又如其解釋《易傳》的「參天兩地而倚數」，云：

　　　易有眞數，三而已。參天者三三而九，兩地者倍三而六。參天兩地而倚數，非天地之正數也。倚者擬也，擬天地正數而生也。（〈觀物外篇〉上）

以爲易之「眞數」爲三，是由奇數之一與偶數之二所組成，復以此「眞數」三與天奇之三、地偶之二相乘，則得出九、六之數，又說九、六之數並非「天地之正數」，而爲模擬「天地之正數而生」。「擬數」與「正數」之別，應指此「易數」系統，乃屬比況之模擬（類比）性質，固不以之爲實然之宇宙模式（天地之正數）也。康節係用此以說明筮法中「九六」之數的來源，以筮法「四營而成易」故，則九乘四，六乘四，各爲老陽、老陰之數，即爲乾卦、坤卦一爻之策，故稱「乾坤生自奇偶」。且曾謂：「如何九與六，能盡天下事。」（《擊壤集》卷十三〈乾坤吟〉）亦可見出「易數」在其心目中，已然具有詮解宇宙現象的功用。又如康節釋「大衍之數」，云：

　　　易之大衍何數也？聖人之倚數也。天數二十有五，合之爲五十。地數三十，合之爲六十，故曰五位相得而各有合也。五十者蓍數也，六十者卦數也。五者蓍之小衍也，故五十爲大衍也。八者卦之小成，則六十四卦爲大成也。蓍德圓以況天之數，故七七四十九也，五十者存一而言之也。卦德方以況地之數，故八八六十四也，六十者去四而言之也，蓍者用數也，卦者體數也。用以體爲基，故存一也。體以用爲本，故去四也。（同上）

所謂「大衍之數」，亦爲聖人「倚」（擬）之而來，又以蓍數之圓釋天，卦數之方釋地，二者爲體用關係，且以「天地之數」解釋「大衍之數」和「卦數」的源起與生成，是故朱伯崑謂：

　　　他把揲蓍求卦的過程，看成是八卦和六十四卦形成的過程，不取聖人觀象立卦說，而主極數以定象說，這正是數學派解易的特徵。〔註25〕

──────────

〔註25〕參見朱伯崑《易學哲學史》（中），頁 123。

然而康節先天易何以如此重「數」？吾人試從其易學的實際運用來看：有說明天地萬物的「天地始終之數」、「動植物通數」，有說明宇宙生成的「一元消長之數」……則可以得知：用「數」代「卦」（象），即可運用「數」所特具的「序列」、「計算」與「推演」等功能，而來表現出現象界事物間所有的對稱消長關係，而這是「卦」（象）所難以精密表現的。職是，「數」以其「規定性」較「象」所具者在運用上更靈活，則先天易學重數、用數，自有其深意，就此而言，「數學」派，當可視爲「象數易」發展史上的一大進程。

二、以圖說易

「易圖」，是康節先天易學中的重要節目，其易學精義盡寓於是，嘗自謂：

圖雖無文，吾終日言而未嘗離乎是，蓋天地萬物之理，盡在其中矣。

（〈觀物外篇〉上）

故歸有光評云：

易圖，邵子之學也。〔註26〕

後世將康節易學歸屬於宋代「圖書」之學一支，亦是著眼於其以易圖說易的特色而言的。

「理象數」三者相互依存，正如李師周龍所指出：

探討易學，必須理象數三者兼備，不可有所偏廢，因爲所有的義理，

都必須落實於象數上面。〔註27〕

此即康節所謂：

象數則筌蹄也，言意則魚兔也；得魚兔而忘筌蹄可也，捨筌蹄而求

魚兔，則未見其得也。（〈觀物外篇〉上）

「理象數」在康節的眼裡，關係密切，討論易理，捨象數則無由。而「易圖」，實際上可以說是易象的圖式化。將各種易象，諸如爻象、陰陽剛柔之象、卦象等，組合成某類圖式，即構成「易圖」。復以此先天易學特有的「數生象」之系統預設，與易象相應的易數概念，已然表見於圖象之中，至於易理，自然而然地可經由此象數的圖式化而蘊藏於內，索之無窮，故說「天地萬物之理，盡在其中」，而「先天易學」，亦成爲「易圖」之學矣。

康節易學既以「易圖」涵括其精義，然而今傳之《皇極經世》中，載圖並未全備，僅錄有具體應用之圖式兩種：一爲以「元會運世」排比而成，且

〔註26〕見《宋元學案‧百源學案》下〈附先天圖辨〉引。

〔註27〕參見李師周龍〈周易繫辭傳的象論〉，收錄於李著《易學拾遺》。

繫以歷史事件的歷史年表；一則爲以「聲音唱和」來比況天地萬物之數及其變化的圖式，一些基本卦圖則未見。

康節「先天易學」所據之原圖，究竟有多少，至今已難考其詳，其後學張行成自稱得康節失傳之圖於蜀中，共計十四圖，謂由「象數二圖」所演變而成，云：

> 先生之學祖於象數二圖，其用皆起於交，交則變矣。……先生之書，
> 大率藏用而示人以象數，實寓乎十四圖。〔註28〕

此十四圖著錄於其《易通變》中，然是否爲康節原圖，已難索考。此外，蔡元定《纂圖指要》，〔註29〕朱熹《易學啓蒙》、《周易本義》等著述中，亦舉列了幾個先天易學的重要圖式，一般認定合於康節原意，而其他相關於「先天易學」的著作，也都錄有一些「易圖」。至清代王植著《皇極經世書解》時，更在蔡氏所輯諸圖而外，又再補錄圖五及新附圖三，搜羅更備，間有個人之發明，可資參考。〔註30〕然而影響後世最爲深遠的，當屬朱熹錄於《周易本義》前之圖式。朱熹將康節「先天圖」歸之爲四：「伏羲八卦次序圖」、「伏羲八卦方位圖」、「伏羲六十四卦次序圖」、「伏羲六十四卦方位圖」。此四圖又可概分爲「次序圖」、「方位圖」二類。康節原圖或不僅止於此，然此四圖已可見出其學說的根本思想，故每爲後人所徵引，用來論述「先天易學」。下章亦擬以此四圖爲討論重點，結合其他相關圖式，試行探討「先天易學」中所表現的哲學意義。

〔註28〕見張行成《易通變》原序。十四圖則爲：「有極圖」、「分兩圖」、「交泰圖」、「既濟圖」、「掛一圖」、「四象運行圖」以及八卦各主一圖之「八卦變化圖」。

〔註29〕見胡廣《性理大全書·皇極經世書》引。

〔註30〕王植《皇極經世書解》引錄蔡元定十圖爲：「伏羲始畫八卦圖」、「伏羲八卦重爲六十四卦圖」、「伏羲八卦方位圖」、「伏羲六十四卦方位圖」、「陽九陰六用數圖」、「經世衍易八卦圖」、「經世天地四象圖」、「經世六十四卦之數圖」、「經世天地始終之數圖」、「經世一元消長之數圖」；所補錄五圖爲：「河圖洛書之圖」、「文王八卦次序方位之圖」、「六十四卦錯綜之圖」、「六十卦變三百六十卦圖」、「大小運之數圖」；新附三圖爲：「八卦陰陽爻數圖」、「元會運世年月日時之數圖」、「六十甲子圖」。

第五章 「先天易學」析論

　　「先天易學」的思想要旨，係藉由論述「卦之生成」、「卦之方位」而予以表出；又此易學結構，如何實然世界取得「對應」，亦為重點所在。本章試圖解析康節「先天易學」所呈顯的哲學意義，自當循此三端予論述。復次，因「先天易學」體系乃以「易圖」為「理象數」三者之所寓，是故吾人在進行討論時，自當「即圖以窮理」。茲援引今傳可見之「先天易圖」做重點之說明與分析。

第一節　論卦之生成

　　對於八卦及六十四卦的生成，康節謂：

> 太極既分，兩儀立矣，陽下交於陰，陰上交於陽，四象生矣。陽交
> 於陰，陰交於陽，而生天之四象，剛交於柔，柔交於剛，而生地之
> 四象，於是八卦成矣。八卦相錯，然後萬物生焉。是故一分為二，
> 二分為四，四分為八，八分為十六，十六分為三十二，三十二分為
> 六十四，故曰分陰分陽，迭用柔剛，易六位而成章也。十分為百，
> 百分為千，千分為萬，猶根之有幹，幹之有枝，枝之有葉，愈大則
> 愈少，愈細則愈繁，合之斯為一，衍之斯為萬。（〈觀物外篇〉下）

又云：

> 一變而二，二變而四，三變而八卦成矣。四變而十有六，五變而三
> 十有二，六變而六十四卦備矣。（〈觀物外篇〉下）

對於八卦、六十四卦的形成過程，康節以為是一等比級數的衍生過程；摘引

了《易傳》「易有太極」一段文字，〔註1〕而賦以新解。在《易傳》中，此段之意旨在說明揲蓍求卦的過程，然而康節以爲「八卦相錯，然後萬物生焉」，則已有認定卦之生成過程，即爲宇宙天地萬物生成之過程之意。又其以爲，除「八卦」乃一分而二、二分而四、四分而八之外，「六十四卦」亦由等比級數之累次增生而得，且不止於六十四卦，其後尚可無限延伸，故謂「愈大則愈少，愈細則愈繁，合之斯爲一，衍之斯爲萬。」卦爻之增生疊變，道出了宇宙生生不息之理。其用「分陰分陽，迭用柔剛」解說一而二、二而四、四而八……的生發律則，當是提示吾人，於各層級之各單元中，皆可再折離出兩個對立面來，其間並有「交」的作用在，是故「對立面」非唯對立，尚且相互依存。

　　朱熹《周易本義》中，錄有「伏羲四圖」，謂「其說皆出於邵氏」，〔註2〕其可用以說解先天卦之生成次序者，有「伏羲八卦次序圖」、「伏羲六十四卦次序圖」，二者又被通稱爲「大、小橫圖」，此二圖是否爲康節之原圖，尚難斷言，圖以黑白格組成，黃百家云：

> 朱子《本義》於橫圖用黑白別陰陽爻畫，其答袁樞有云：「黑白之位，亦非古法。但以奇耦爲之，終不粲然。今欲易曉，固不如黑白之了了心目間也。」〔註3〕

據此文意所示，則二圖或爲朱子所改製而成，用黑白格使人「易曉」也。然而製圖之理據，當本乎康節之原意無疑。以下分述二圖。

一、「伏羲八卦次序圖」

　　就「伏羲八卦次序圖」（附圖一）而言，由下而上，從最初始之「太極」層層分列，化出三個層級：陰陽、陰陽太少、八卦。八卦之序數，由右往左觀之，爲一至八之序列，各卦皆由三層所示之黑白格疊成。依次是：三白奇疊成之乾一、二白奇上疊一黑偶之兌二、兩白奇間隔一黑偶之離三、接下來依次爲震四、巽五、坎六、艮七、坤八，合於康節於《皇極經世》中所言之卦序：

〔註1〕〈繫辭上傳〉第十一章：「是故易有太極，是生兩儀，兩儀生四象，四象生八卦，八卦定吉凶，吉凶生大業。」康節本此而立說。
〔註2〕參見朱熹《周易本義》所錄「伏羲六十四卦方位圖」後之說明。
〔註3〕參見《宋元學案》卷十〈百源學案〉下「六十四卦次序之圖」後黃百家之案語。

乾一、兌二、離三、震四、巽五、坎六、艮七、坤八。（〈觀物外篇〉
　下）

足證朱熹此圖雖自爲黑白格以別陰陽、奇偶，然其理據則一依康節易說，是
無違於「先天易學」也，故後世多引錄之，以說康節之學。

二、「伏羲六十四卦次序圖」

　　就「伏羲六十四卦次序圖」（附圖二）而言，則爲在八卦一層之上，再累
加十六、三十二、六十四卦三個層級。同理可依前圖序數推得六十四卦之卦
序爲：由六白奇疊成之乾一、五白奇上疊一黑偶而成之夬二，其後依次則爲
大有三、大壯四……以至剝爲六十三、坤爲六十四而止。《易學啓蒙》解釋此
圖，云：

圖一：「伏羲八卦次序圖」

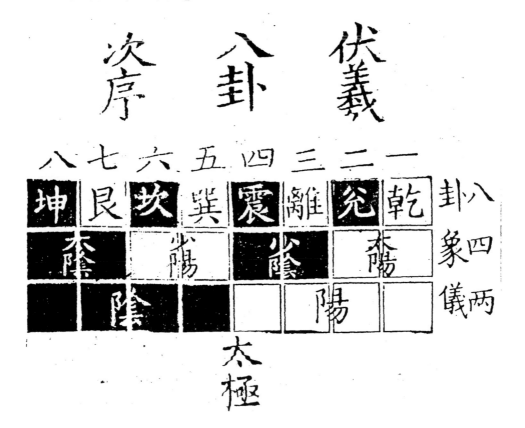

圖二：「伏羲六十四卦次序圖」

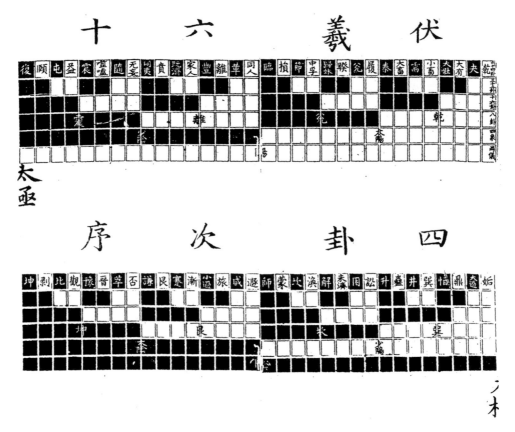

八卦之上各生一奇一耦而爲四畫者十六，於經無見，邵子所謂八分爲
十六者也。又爲兩儀之上各加八卦，又爲八卦之上各加兩儀也。四卦
之上各生一奇一耦而爲五畫者三十二，邵子所謂十六分爲三十二者是
也，又爲四象之上各加八卦，又爲八卦之上各加四象也。〔註4〕

對康節所謂的十六、三十二兩個層級，朱子指出爲「於經無見」（係統「經傳」
而言之）。《易傳》解釋六十四卦之產生，乃由八卦相重而得，即「八卦成列，
象在其中矣。因而重之，爻在其中矣。」（〈繫辭下傳〉第一章）而康節乃以
「加一倍法」的等比級數律則爲說，固然「於經無見」，然並不因此而爲朱熹
所排詆或非難，仍肯認其價值而爲之解說，蓋因朱子了解「經」所以載「理」，
然「理」則未可以「經」爲限之旨也。故於康節之說，亦曾特爲疏解，云：

故自兩儀之未分也，渾然太極，而兩儀四象六十四卦之理，已粲然

〔註4〕見朱熹《易學啓蒙》〈原卦畫第二〉。

于其中，自太極而分兩儀，則太極固太極也，兩儀固兩儀也。自兩
儀而四象，則兩儀又爲太極，而四象又爲兩儀矣。自是而推之，由
四而八，由八而十六，由十六而三十二，由三十二而六十四，以至
于百千萬億之無窮，雖其見於摹畫者，若出於人爲，然其已定之形，
已成之勢，則固已具於渾然之中，而不容毫髮思慮作爲於其間。程
子所謂「加一倍法」，可謂一言以蔽之，而邵子所謂「畫前有易」者，
又可見其眞不妄矣。〔註5〕

肯認此理乃「先天」已存在，不過藉由卦畫而表示罷了。又說明此中所呈現
之層級關係，可由不同之角度來探索其理趣，是相對而非絕對的。

除了《周易本義》所錄二圖之外，蔡元定《纂圖指要》〔註6〕亦錄有「伏
羲始畫八卦圖」、「八卦重爲六十四卦圖」。然此二圖除在形式上，是以陰陽爻
象所組成，而有異於朱子所用的黑白格外，在易理的呈顯方面，「八卦重爲六
十四卦圖」逕列出已重成之六十四卦，對由八卦而三十二、三十二而六十四
卦的過程並沒有交代，則不如朱子之圖，以層級遞疊累增的方式，能具體說
明各層級間乃環環相扣、互爲依傍，而非獨立自存。是以蔡氏二圖，較朱子
所載者，少爲後世所徵引。

三、「經世衍易圖」

然相類於上述圖式者，蔡氏《纂圖指要》中，尚有一「經世衍易圖」（附
圖三），值得吾人討論。蔡氏自解其圖，云：

一動一靜之間著，易之所謂太極也。動靜者，易所謂兩儀也；陰陽
剛柔者，易所謂四象也。太陽、太陰、少陽、少陰、少剛、少柔、
太剛、太柔者，易所謂八卦也。〔註7〕

顯然是對康節在〈觀物內篇〉之一中，論述天地的生成一段，加以圖式化而
成，惟康節此說已詳論於本論文第三章第一節，故不擬再述。然此圖以「一
動一靜之間」代「太極」之位，值得進一步討論。康節云：

夫一動一靜者，天地至妙者與？夫一動一靜之間者，天地人之至妙
至妙者與？（〈觀物內篇〉之五）

〔註5〕 同前註。
〔註6〕 參見胡廣《性理大全書・皇極經世書》卷七引。
〔註7〕 同前註卷八引。

圖三：「經世衍易圖」

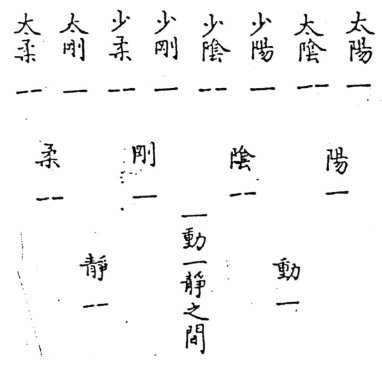

其子邵伯溫爲之註解云：

> 一動一靜者，天地之妙用也。一動一靜之間者，天地人之妙用也。
> 陽闢而爲動、陰闔而爲靜，所謂一動一靜者也。不役乎動，不滯乎
> 靜，非動非動而主乎動靜者，一動一靜之間者也。自靜而觀動，自
> 動而觀靜，則有所謂動靜，方靜而動，方動而靜，不拘於動靜，則
> 非動非靜者也。《易》曰：復，其見天地之心乎。天地之心，蓋於動
> 靜之間有以見之，夫天地之心，於此而見之，聖人之心即天地之心
> 也，亦於此而見之。〔註8〕

顯見此「一動一靜之間」具超越性、主宰性與絕對性，適等同於「太極」之
爲形上最高根源之意涵。且據邵伯溫之說，亦得以「天地之心」與「聖人之
心」詮解之，則「一動一靜之間」所演化的圖式，其理論意義，即已涵括認
識論之先驗義與形上學之宇宙發生模式義。

　就此圖式而論，既以一動一靜之間爲太極，則由此分出之「動靜」即爲

〔註 8〕 同前註卷九引。

兩儀層級，「陰陽剛柔」爲四象層級，「太陽、太陰、少陽、少陰、少剛、少柔、太剛、太柔」則爲八卦層級。其卦序則爲：由動、陽、太陽三畫而疊成乾一，由動、陰、太陰三畫而組成兌二，其下以理類推，則爲離三、震四、巽五、坎六、艮七、坤八、與康節所言、朱子所錄者相合。

綜前所引之康節對八卦、六十四卦生成的解說，並參以朱熹、蔡元定所錄諸圖，則可歸納出「先天易學」對卦之生成論，所可能闡發的哲學意義，至少有如下數點：

其一、因其「太極」、「一動一靜之間」二詞，於其易學系統，備有「最高形上根源」之意涵，是則論及先天卦序、卦之生成，即有宇宙生成論之寓意。

其二、圖式所呈現之「等比級數」分化律則，即大程子所謂之「加一倍法」，旨在說明自最高形上根源之絕對而下降至經驗界之相對，就各存有層級之各單元而言，皆可析出兩個對立面，亦即指出，萬事萬物是由兩大對立勢用所構成，此適與康節「觀物」所得之「陰陽律則」相應。〔註9〕

其三、各層級內之相對勢力，以「交」之作用，故亦爲互相依存，而可消長轉化，復次，層級間之關係，乃由「互比」而來，可由不同高度觀察解讀之，故爲相對而非絕對的。

其四、「先天易學」所示「先天」之理，即有人心認知先驗法則義，以及宇宙生成自然而然，非人力之所能爲之形上義。

上述四點，不過爲筆者淺見，非即已盡彰其理，實則人人可據茲圖茲說自索而得。如陳郁夫以爲先天卦序圖至少有三大貢獻，〔註10〕則尤可見出此「先天易學」所涵蘊之易理，對吾人啓示無窮也。

第二節　論卦之方位

康節先天卦位之論有八卦、六十四卦二者，云：

〔註9〕 如將康節先天圖式的「加一倍法」，以數字０與１代替陰陽爻，即構成數學上的「二進制」。施忠連〈先天圖與二進制巧合的秘密〉指出：「萊布尼茲（德人，二進制的發明者）企圖用兩個最簡單的符號、相互對立的兩種因素來表示無限複雜的外部世界，在這一點上，他與先天圖的制作者不謀而合」。

〔註10〕 陳郁夫以爲朱熹所錄二卦序圖至少有下列貢獻：「一、以自然原理解決由太極到六十四卦創生過程。並亙推演至無窮，使人不拘於六十四卦。二、每一層級的勢用恆存於以下卦中，此『作用不滅原理』。三、任何現象界事物，皆陰陽對立之調合，此『析離』原理。」參見陳著《邵康節學記》，頁52。

天地定位一節，明伏羲八卦也。八卦相錯者，明交相錯而成六十四
卦也，故云數往也。知來者逆，若順天而行，是左旋也，皆已生之
卦也，故云數往也。知來者逆，若逆天而行，是右行也，皆未生之
卦也，故曰知來也。夫易之數，由逆而成矣。此一節直解圖意，若
逆知四時之謂也。（〈觀物外篇〉下）

「天地定位一節」，係指〈說卦〉第三章：

天地定位，山澤通氣，雷風相薄，水火不相射，八卦相錯。數往者
順，知來者逆，是故易，逆數也。

康節據此文以說解先天八卦方位的相對性，邵伯溫云：

先君云：天地定位，乾與坤對也；山澤通氣，艮與兌對也；雷風相
薄，震與巽對也；水火不相射，離與坎對也，此伏羲之易也。〔註11〕

指出八卦可以分爲四組相對卦，在此所謂相對，係指卦象呈陰陽對錯而言。

朱熹《周易本義》所錄先天卦位圖有「伏羲八卦方位圖」、「伏羲六十四
卦方位圖」，茲先說明前者。

一、「伏羲八卦方位圖」

「伏羲八卦方位圖」（附圖四）又被稱爲「小圓圖」，朱熹解說此圖，云：

邵子曰：乾南、坤北、離東、坎西、震東北、兌東南，巽西南、艮西
北，自震至乾爲順，自巽至坤爲逆，後天六十四卦方位放此。〔註12〕

又云：

易逆數也。皆自已生以得未生之卦，若如圓圖，則須如此方見陰陽
消長次第。震一陽，離兌二陽，乾三陽，巽一陰，坎艮二陰，坤三
陰，雖似稍涉安排，然亦莫非自然之理。〔註13〕

對八卦的具體方位，已做了清楚的交代。此圖式係將小橫圖折爲兩半，以乾
接巽，震接坤的方式，規而圓之即成，主要目的在呈顯「陰陽互爲消長」，而
成爲一指明「圓道周流」之圖式。圖之左半，係由橫圓之陽儀四卦：震、離、
兌、乾依序由下而上排成；圖之右半，係由陰儀四卦：巽、坎、艮、坤依序
由上而下排成。朱熹以爲，由八卦生成序數之橫圖來看待圓圖之卦位，其由
震四歷離三、兌二而至乾一是陽息過程，即康節所謂「已生之卦」，爲「數往

〔註11〕參見《性理大全書·皇極經世書》卷七引。
〔註12〕參見朱熹《周易本義》「伏羲八卦方位圖」後之解說。
〔註13〕見《朱子語類》卷六十五。

者順」；而由巽五歷坎六、艮七以至坤八，是陰息過程，即所謂「未生之卦」，是爲「知來者逆」。康節「夫易之數，由逆而成矣」之所指，係以陰陽消息論易卦之生成，此中之詮解關鍵在於「已生」、「未生」：觀八卦圓圖所示，以震四言，其前已生三卦；以巽五言，

圖四：「伏羲八卦方位圖」

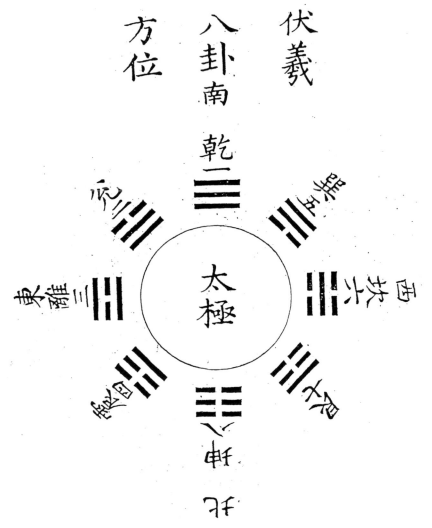

其後尚有三卦未生，而橫圖由右至左，乃自乾一以迄坤八，就乾卦言，其後之兌、離、震、巽、坎、艮、坤皆爲未生之卦，則八卦生成全爲逆數矣。此正如，由今日以預料未來，未來之於今日，即爲「未生」者，是吾人之推測未來四季變遷，乃爲「逆知」矣。此理正同於前述之「易數生成」，康節遂

就二者同然之理而並列比擬，以「逆知四時之謂也」釋「易之數，由逆而成矣」。

前面所述者係引朱熹之詮解，而稍加疏釋。清宋銳臣亦有語及八卦方位圖者，意極明晰，茲引錄如下，以備參考：

> 乾一、兌二、離三、震四以至坤八，自震左旋數至乾，是從四數三數二數一，所謂數往；自巽右行數至坤，是從五數六數七數八，所謂知來，然易從乾一數起，不但巽、坎、艮、坤是逆，即乾、兌、離、震亦是逆，故又曰：易逆數也。〔註14〕

此說與朱子說互為詳略，兼參二者，則於圖式之理解大有助益。

深究此圖所寓之理，不外藉由八卦所見之不同陰陽比例，各定其位，以說明陰陽消長的過程是循環反復，周而復始，如同吾人最為熟知的四時之推移一般。在橫圖中，此理之彰顯，則必須由乾一遞數至坤八，復由坤八反向遞數至乾一，欲用橫圖說明「圓道周流」之理，則有其實際的困難，故有圓圖之作。康節即以此圓圖中，陰陽二氣的消長，說解宇宙之生成與運行：

> 震始交陰而陽生，巽始消陽而陰生，兌陽長也，艮陰長也。震兌在天之陰也，巽艮在地之陽也。天以始生言之，故陰上而陽下，交泰之義也。地以既成言之，故陽上而陰下，尊卑之位也。乾坤定上下之位，離坎列左右之門，天地之所闔辟，日月之所出入，是以春夏秋冬，晦朔弦望，晝夜長短，行度盈縮，莫不由乎此矣。（〈觀物外篇〉上）

指出震、巽二卦，為陰陽二氣相交之始，震為一陽始生，巽為一陰始生，圓圖中明示此二者為相對卦；次釋兌、艮二卦，兌為二陽已生，故為陽長之象，艮為二陰已生，故為陰長之象，二卦亦為相對。所謂「震兌在天之陰」，係指震為少陰，兌為太陰，在圓圖列於左半圓（天為陽在左），「巽艮在地之陽」，係指巽為少剛，艮為太剛，在圓圖列於右半圖（地為陰在右）。就左半圈而言，震、兌二卦的爻象，皆陽下而陰上，康節以為這便是「天」始生萬事萬物的說明，具有「交泰」（天地）的意義；就右半圈而言，巽、艮二卦的爻象，皆陰下而陽上，康節以為這便是「地」既成萬事萬物的說明，而備見「尊卑」（陰陽）的意義。以上先言「震兌巽艮」四隅之卦，說解其間的陰陽消長。下面

〔註14〕參見王植《皇極經世書解》卷十引。

則繼續討論「乾坤坎離」四正卦所處之位：乾在上，坤在下，二卦乃爲陰陽相對之卦，上下又可理解爲南北。離在左，坎左右，兩卦相對，左右又可理解爲東西。「天地之所闔辟」，說明「乾爲天」屬左半圈，陽氣由下而上增長，故有「開闢」生長萬物之義；「坤爲地」屬右半圈，陰氣由上而下增長，故有「闔閉」收藏萬物之義；「日月之所出入」，乃指「離爲日」，起於東方，「兌爲月」，起於西方。復以春夏秋冬，晦朔弦望，晝夜長短，行度盈縮等具週期意義之自然現象，盡爲此圖式所涵括。顯見此一圖式，是康節先天易學中，據以說解天地運行及萬物生成的宇宙結構示意圖，將此圖式再予以推演與細分，即爲其先天六十四卦方位圖。以下將說明先天易學中相關於此的論述，並採用《周易本義》所錄卦圖以爲論證之資具。

二、「伏羲六十四卦方位圖」

　　《周易本義》所載「伏羲六十四卦方位圖」，乃由六十四卦圓圖與六十四卦方圖，以圓涵方的方式所構成，其立意當有傳統「天圓地方」的觀念存乎其間，惟本文在論述時，爲求條理清晰，故分就圓、方二圖做獨立的說明，之後再對「方圓合一」的意義進行討論。

（一）圓圖

　　「伏羲六十四卦方位圓圖」（附圖五），係由八卦方位圓圖，依卦卦相重之法而得：依原八卦方位分八段，各統八卦共計六十四卦，其下卦（內卦）皆爲各方位原列之卦，其上卦（外卦）則依乾一、兌二、離三、震四、巽五、坎六、艮七、坤八之生成卦序排列；亦即將大橫圖（先天六十四卦生成圖）折爲對半，使乾與姤接，坤與復接，又規而圓之而成。對於先天六十四卦方位的解說，康節云：

> 復至乾，凡百有十二陽。姤至坤，凡百有十二陰。姤至坤，凡八十陽，復至乾，凡八十陰。乾三十六，坤十二，離兌巽二十八，坎艮震二十。夫易根於乾坤而生於姤復，蓋剛交柔而爲復，柔交剛而爲姤，自茲而無窮矣。（〈觀物外篇〉上）

「復至乾」，即圖之左半圈，屬天，爲陽，就大橫圖言，統陽儀三十二卦，計有陽爻一百一十二，陰爻八十；姤至坤即圖之右半圈，屬地，爲陰，統陰儀三十二卦，計有陰爻一百一十

圖五：「伏羲六十四卦圓圖」

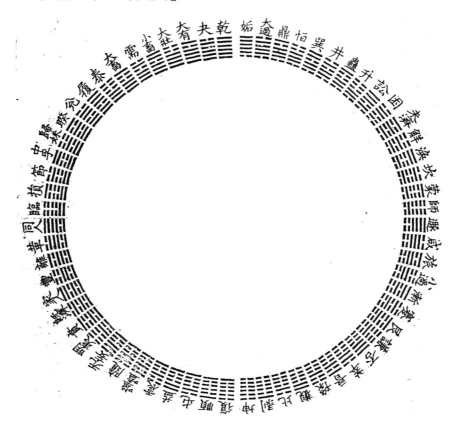

二，陽爻八十。總的看來，兩邊陰陽交互平衡。「乾三十六，坤十二，離兌巽二十八，坎艮震二十」，則指由乾一所統之八卦，其陽爻數共三十六；坤八所統八卦，陽爻數共十二；離三、兌二、巽五各統之八卦，陽爻數各有二十八；坎六、艮七、震四各統之八卦，陽爻數則各有二十。此即康節所云：「乾四十八而四分之一分爲陰所克也；坤四十八而四分之一爲所克之陽也。乾得三十六而坤得十二也。」（〈觀物外篇〉上）之意。「剛交柔而爲復，柔交剛而爲姤」，復卦在六十四卦中爲一陽始生之卦，姤卦則爲一陰始生之卦、二卦爲剛柔初始相交之象，其餘各卦均由此漸遞衍生，且循環周流，故曰「自茲而無窮矣」。又云：

> 陽在陰中陽逆行，陰在陽中陰逆行；陽在陽中，陰在陰中，則皆順
> 行，此眞至之理，按圖可以見之矣。（同上）

「順」指由上而下，「逆」指由下而上，大圓圖中，右半圈爲陰，所統三十二卦之陽爻由下而上遞增，是謂「陽在陰中陽逆行」，陰爻則由上而下遞增，即

「陰在陰中」爲「順行」；左半圈爲陽，所統三十二卦之陰爻由下而上遞增，是謂「陰在陽中陰逆行」，陽爻則由上而下遞增，即「陽在陽中」爲「順行」；由此見出「陽中有陰，陰中有陽」以及「陰陽對立消長」之義。（小圓圖同此）又云：

> 自下而上謂之升，自下而上謂之降，升者生也，降者消也，故陽生於下，陰生於上，是以萬物皆反生。陰生陽，陽生陰，陰復生陽，陽復生陰，是以循環而無窮。（同上）

則此圓圖，所具現之陰陽消長律則，亦可以用來解說「萬物」。「是以萬物皆反生」，「是說動物先生頭部，由上而下；植物先生根，由下而上，其生相反。」〔註15〕則此類圖式，又可爲宙生成運行的詮釋結構矣。又曾云：

> 無極之前，陰含陽也。有象之後，陽分陰也。陰爲陽之母，陽爲陰之父，故母孕長男而爲復，父生長女而爲姤，是以陽起於復，而陰起於姤也。（〈觀物外篇〉上）

亦爲對六十四卦方位的解說，此中提出「無極」以與「有象」對舉。「無極之前」爲「陰含陽」，則指右半圈以陰爻多而陽爻寡；「有象之後」爲「陽分陰」，則指左半圈以陽爻多而陰爻寡。「無極」當指坤復之際，與「有象」對舉，旨在描述圖的結構；左半重陽，其性「有」，右半重陰，其性「無」。以一循環之週期意義言，「無極」乃指終始之際，以其超乎陰陽動靜，義同於「太極」，然若以圓圖之循環無端而言，遂特稱「無極」。朱子亦以此義釋「無極之前」，云：

> 問邵先生說無極之前，無極如何說前。曰：邵子就圖上說，循環之意。自姤至坤是陰含陽，自復至乾是陽分陰。復坤之間乃無極。自坤反姤，是無極之前。〔註16〕

且就康節以「無極」與「有象」對舉而言，則其無形無象亦可知矣，是義同於朱子對周濂溪「無極而太極」之解釋。〔註17〕然吾人亦不可拘泥於字面，以爲「陰含陽」即「無象」矣。「陰爲陽之母，陽爲陰之父」，以及用長男、長女言復、姤二卦，旨在以人事擬況「陰陽」的對立互根性。復姤爲乾坤純

〔註15〕參見朱伯崑《易學哲學史》（中），頁142。
〔註16〕同註13。
〔註17〕《朱子語類》：「周子曰無極而太極，蓋云無此形狀，而有此道理耳。」（卷九四）、「蓋恐人將太極做一箇有形象底物看，故又說無極，言只是此理也。」（同上）

陽純陰卦交其初爻而生，其互比性最為顯明，且就六十四卦的陰陽消息過程論，陽氣爻的增生自復卦起始，陰氣（爻）的增生則自姤卦起始，逐稱復卦為「長男」、「姤卦」為「長女」，由二者的交互遞變產生其餘各卦，圓圖則象徵此作用的生生不息，此一說法，又被稱為「復姤小父母」說。復姤之際，即其所謂「天心」，云：

> 冬至子之半，天心無改移，一陽初起處，萬物未生時。玄酒味方淡，大音聲正希，此言如不信，更請問庖犧。(《擊壤集》卷十八〈冬至吟〉)

康節又以「天根」「月窟」說圓圖，詩云：

> 耳目聰明男子身，洪鈞賦與不為貧。因探月窟方知物，未躡天根豈識人，乾遇巽時觀月窟，地逢雷處看天根，天根月窟閒來往，三十六宮都是春。(《擊壤集》卷十六〈觀物吟〉)

以乾、巽二卦之交為「月窟」，坤、雷之交為「天根」，此當指小圓圖而言，同理可證，於大圓圖中，「天根」即指坤、復之際，「月窟」則指乾、姤之際。元俞琰《易外別傳》載有「天根月窟圖」（附圖六），乃以黑白格代替陰陽爻，可以與大圓圖參看。康節又云：

> 何者謂之幾，天根理極微，今年初盡處，明日起頭時，此際易得意，其間難下辭，人能知此義，何事不能知。(《擊壤集》卷十八〈冬至吟〉)

又可見出，「天根」係指冬至將到未到之時，此際非陰亦非陽。「三十六宮」，黃宗羲以為歷來說法雖有六種之多，然諸說「以陽生為天根，陰生為月窟，無不同也。」〔註18〕此處所言之「生」字義，宜以「將生未生」視之，非「已生」者，是則「月窟」一詞，當指夏至將到未到之時也。

〔註18〕參見黃宗羲《易學象數論》卷一〈天根月窟〉。

圖六：「天根月窟圖」

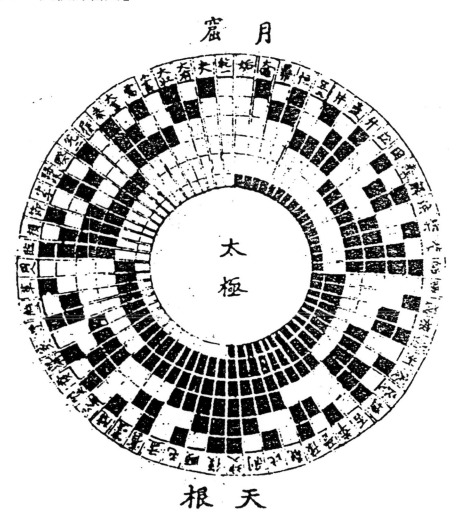

康節先天六十四卦方位，以圓圖為論者，已如前所述，則此下當論及方圖之義。

（二）方圖

康節論先天六十四卦方位，曾有詩謂：

　　天地定位，否泰反類。山澤通氣，損咸見義。雷風相薄，恆益起意。

　　水火相射，既濟未濟。四象相交，成十六事。八卦相盪，為六十四。

　　（《擊壤集》卷十七〈大易吟〉）

此說當亦本於〈說卦〉「天地定位」章，而自述己意者。後世以此為康節「方圖」之論。其圖式今可見者，即為《周易本義》「伏羲六十四卦方位圖」中為

大圓圖所包之於內者（附圖七）。朱子曾就康節原詩稍事疏解以說明此圖，云：

> 此是說方圖中兩交股底，且如西北角乾，東南角坤，是天地定位，
> 便對東北角泰，西南角否。次乾是兌，次坤是艮，便對次否之咸，
> 次泰之損，後四卦亦如是。共十六卦。〔註19〕

若在方圖中畫出兩個對角線，由西北角以至西南角所連接者，計有八卦，依次為乾、兌、離、震、巽、坎、艮、坤。由西南以迄東北，亦有八卦，依次為否、咸、未濟、恆、益、既濟、損、泰。朱子即是由此「交股」的方式來解讀方圖：兩交股線，即兩對角線所經過者十六卦，即詩中所謂「十六事」。康節有「圖皆從中起」之說，則由內而外，可分四層，第一層係由震、巽與恆、益互為對角的四卦，即「雷風相薄、恆益起意」。往外推的第二層，係由

圖七：「伏羲六十四卦方圖」

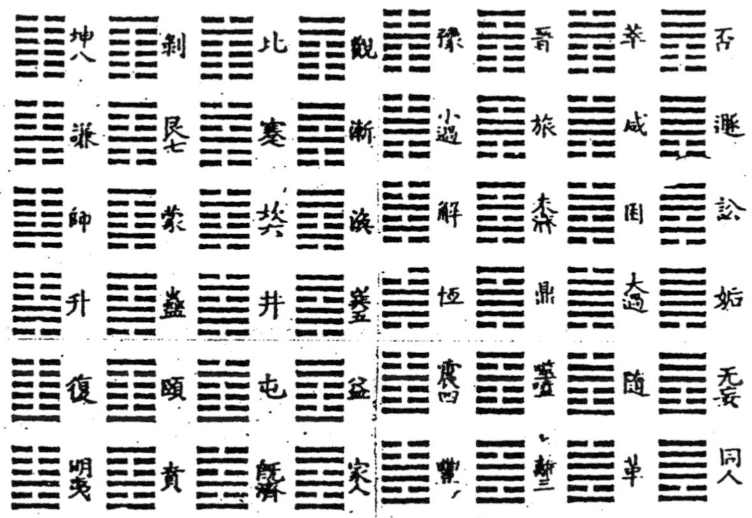

坎、離與既濟、未濟為對角的十二卦，即為「水火相射，既濟未濟」。第三層則由艮、兌與咸、損為對角的二十卦，即「山澤通氣，咸損見義」，最外之第四層，則由乾、坤與否、泰為對角的二十八卦，即「天地定位，否

〔註19〕同註13。

泰反類」，共計六十四卦，即「八卦相盪，爲六十四」。以此觀之，則又隱藏有〈說卦〉「雷以動之，風以散之，雨以潤之，日以烜之，艮以止之，兌以悅之，乾以君之，坤以藏之」章的卦序。方圖中，所固方位爲相對之卦，其卦象乃爲「陰陽相錯」，是以在定位中，又可見出對待之理，亦即指出，六十四卦是由三十二組對立卦所組成的，此亦代表了「空間」可以切換成三十二塊。

　　復次，若由下而上看待此圖，係由橫列的八個層次所組成，每層各統八卦：乾至泰其內卦均爲乾一，履至臨其內卦均爲兌二，同人至明夷其內卦均爲離三，無妄至復其內卦均爲震四，姤至升其內卦均爲巽五，訟至師其內卦均爲坎六，遯至謙其內卦均爲艮七，否至坤其內卦均爲坤八。由右向左看，方圖則由八縱列所組成，亦各統八卦：乾至否，夬至萃，大有至晉，大壯至豫，小畜至觀，需至比，大畜至剝，泰至坤，各縱列所統之卦，其外卦相同，依次亦爲乾一以迄坤八之序，自此可見出「八卦相盪，爲六十四」之意。且從六十四卦的縱橫交錯，得以表現陰陽的定位與對待。是以方圖之哲學意義，當在於運用六十四卦的陰陽爻之變化，象徵宇宙中之方位（空間）意義的特定與相對，並且，特定義係由對待關係所見出，故空間之指涉，是相對而非絕對的。

（三）方圓合一圖

　　朱子所錄圖式，將方圖納於圓圖中（附圖八），有其理據，康節以爲「天圓而地方」，此概念雖由來已久，然康節別有詮解，乃從「數」的角度自立新說，云：

　　　　圓數有一，方數有二，奇偶之義也。六即一也，十二即二也。天圓
　　　　而地方。（〈觀物外篇〉）

係用爻畫的變化來解說圓、方之數。乾象爲一奇，坤象爲二偶，即圓數一、方數二之意。所謂「六即一也，十二即二也」則是說，乾象之一陽疊至六爻爲乾卦，其畫爲六，坤象之二偶疊至六爻爲坤卦，其畫爲十二，六畫同於原本的陽一，十二畫同於原本的偶二。這種「以數立說」的方式，正是「數學派」的特徵。〔註20〕圓圖旨在象天，方圓旨在象地，復以天乃繞地運行之故，遂將方圖納於圓圖中。朱子釋之，云：

〔註20〕高師懷民〈邵雍先天易演天地之數〉一文，於康節「天圓地方」之「數論」，
　　　　說解綦詳，讀者可自參。

> 圓圖象天，一順一逆，流行中有對待，如震八卦對巽八卦之類；方
> 圖象地，有逆無順，定位中有對待，四角相對，如乾八卦對坤八卦
> 之類。此則方圓圖之辨也。〔註21〕

認爲此一圖式，體現了時間的「流行」與「空間」之對待，然則方圓合一圖，
即可視爲康節先天易學對於宇宙時空結構或模式的模擬。又如程道大云：

> 邵子謂「圖皆從中起」，此「皆」字兼方圓圖而言：天地定位，圓圖
> 之從中起也；雷以動之，風以散之，方圖之從中起也。……故曰：「皆
> 從中起」。〔註22〕

圖八：「伏羲六十四卦方位圖」

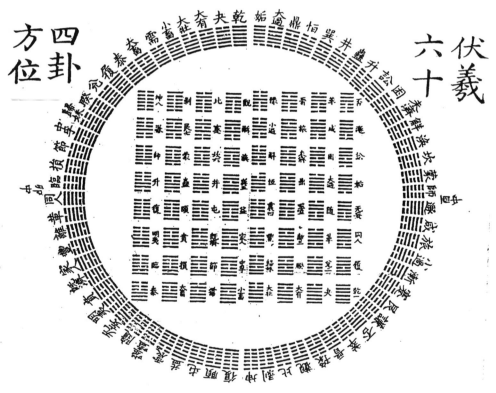

是康節「先天學，心法也，故圖皆從中起，萬化萬事生於心也」之「心」，
當可擬爲圖之「中心」一義。據此，方圓二圖，其所各具之哲學意涵雖各有
所重，然同爲康節據以論述宇宙萬化萬事生成變化之理的重要資具。

〔註21〕參見《宋元學案・百源學案下》引。
〔註22〕同前註。

綜前所述，康節對先天六十四卦方位的解說與相關之圖式，其所透顯出之哲學意義，略有如下數端：

其一，大、小圓圖之循環無端，可以說明宇宙大化流行的生生不息，即圓道周流之義。

其二，圓圖由八卦或六十四卦排列而成，其中卦之陰陽爻，迭為消長，具現了陰陽對立互根的宇宙生成律則。

其三，圓圖左半圈與右半圈所統之卦，其陰陽爻之總數相對等，亦即指出，就個別現象言，無絕對的陰陽均等，然就宇宙萬物之總和言，卻是穩定平衡的。

其四，方圖中六十四卦各有定位，惟定位中復有對待，指出宇宙萬事萬物有其個別性，惟此個別性亦須由相待對之關係中方得以見出。

其五，方圖不惟見出各卦之間的方向關係，其相互之距離，亦可同時做更細密的辨析，此即宇宙萬事萬物間，除可做存有層級之縱向互比，又可於同一存有層級間，又析出各類別來，即為橫向之互比。

此五點乃先就其舉舉大端者條而言之。是康節「卦位」之論，同於「卦序」之說，有用易學形式與符號說解一切存有者生成變化的寓意，二者皆屬宇宙結構的模擬系統。

第三節　與實然世界的對應

一個有意義的易學系統，除了在結構上保證其內在的合理性外，尚須能與實然之外在世界取得有效的對應。於「先天易學」中，康節對古今歷史，萬物生成變化，聲音唱和，天地消長……的種種論述與詮解，正是意圖用「應證」的方法，來證成其易學結構的合理性與有效性。就康節「先天易學」論卦之「生成」與「方位」來說，二者係為邏輯意義的宇宙結構（世界模式），關於其間所涵蘊的思想大要已概述於前二節，在此則宜就結構如何對應於外在世界稍做說明。

一、「卦序」結構

茲先述「卦序」結構，康節云：

> 萬物各有太極、兩儀、四象、八卦之次，亦有古今之象。（〈觀物外篇〉下）

「太極」在其思想中，等同於最高形上根源「道」之意涵，一切存有者皆由之下貫，然而由於存有層級係相對而非絕對的，則皆可分就萬物（一切存有者），個別論述其自最高形上根源「太極」層層下降，以對立面的分化律則而有相應於易學結構的「兩儀」、「四象」、「八卦」之次；若落實在時間意義上，則可謂有相對性的「古今」之別。康節又云：

> 陰陽生而分二儀，二儀交而生四象，四象交而生八卦，八卦交而生萬物，故二儀生天地之類，四象是天地之體；四象生日月之類，八卦定日月之體；八卦生萬物之類，重卦定萬物之體。類者生之序也，體者象之交也，推類者必本乎生，觀體者必由乎象，生者未來而逆推，象則既成而順觀，是故日月一類也，同出而異處也，異處而同象也，推此以往，物焉逃哉？（〈觀物外篇〉下）

在此，康節遂將卦序生成的過程與一切存有者（宇宙之萬事萬物）的生成過程比列而論。「類」指類別，「體」指性質。萬物可以分成許多「類」，其類別的不同，則由天地萬物生成的順序而決定；各類事物又有自己的特性，其原因是由于陰陽相交之象的不同。基於此，康節遂指出，推求事物的類別必須根據其生成的順序，觀察事物的性質則須憑藉其陰陽之象；未生者，可以推測其性能，已生者，其象已成，可以探求其生成之順序。並舉例說明，如日月之類，雖同出於陰陽之象，但日為畫而月為夜，雖所處不同，然又同屬天象，由此說明宇宙中的萬事萬物，都是同類而異體，毫無例外。〔註23〕在此，可以見出康節對「類」概念的重視與運用，以「類推」之法，而使卦序生成結構，得以和實然世界之一切存有者，取得存有層級上之對應。關於「類推法」，王師夢鷗指出：

> 類推法是靠人們想像的活動，從已有的知識類推及於未曾有的知識。是人類最基本的也是最原始的心智活動，從此構成神話或詩的語言，其中還會伴起主觀的感情作用。〔註24〕

是「類推」之法，係屬主觀意義之心靈作用，亦屬「先天」之理則。然而「類推」的基礎，建立在「類」的分殊上，則又必須經由「互比」的作用予以判別。因為先天卦序係依「相對」原則所建立的，具有相反相成的的作用，因此在與實然世界取得對應時，便須就實然世界中之事物，彼此間的作用關

〔註23〕略參朱伯崑對於文的疏釋，同註15，頁 134～135。
〔註24〕參見王師夢鷗《邵衍遺說考》，頁 49～50。

係，依相對性的觀點來與先天易學結構取得對應，即先就同一存有層級之存有者，經由互相比較的過程而各分其「類」。復以「類推」與「互比」二義的統合運作後，事物間之相對關係，遂可求得一「類比」意義。「類比」一詞，原係數學中的用語，意指兩組關係的相等，今觀康節在論述自然現象，人類歷史……等等層面的事物時，每就不同觀察角度，將事物分爲四類，而將此各組之「四類」並列排比，述其相應性，則已具「類比」之意涵。茲舉一例：

> 昊天之四府者，春夏秋冬之謂也，陰陽升降於其間矣；聖人之四府
> 者，易詩書春秋之謂也，禮樂汙隆於其間矣。（〈觀物外篇〉上）

以爲昊天有「春夏秋冬」四時，聖人則有「易詩書春秋」四經，二者可做「類比」對應。吾人若總匯其以「四」爲分的論說，再與先天易學之卦序生成結構統合比列，即可得出如朱伯崑仿《纂圖指要》中所錄「經世天地四象圖」而製成之圖式，〔註25〕以此圖較詳細明白，故引錄於此，以供參考。（附圖九）然則康節何以如此重視「四」此一數字，當是由「觀物」而有所體悟，以吾人可以認知之最大範疇「時空」言，天有四時之運行，地有四方之對待，是「四」對人類之啓發極其顯著。如康節對春夏秋冬的觀察，認爲是一氣流行的四個階段：

〔註25〕同註15，頁134。

圖九：「經世天地四象圖」（朱伯崑仿製）

秋容	書	詩	易	四	王	帝	皇
辰	日	月	岁	运	世	会	元
味	气	声	色	鼻	口	耳	目
走	飞	草	木	体	形	情	性
雨	风	露	雷	夜	昼	寒	暑
水	火	土	石	辰	星	月	日

柔		剛		陰		陽	

地				天			

太　極							

> 漁者謂樵者曰：春爲陽始，夏爲陽極，秋爲陰始，冬爲陰極；陽始
> 則溫，陽極則熱，陰始則涼，陰極則寒，溫則生物，熱則長物，涼
> 則收物，寒則殺物，皆一氣，其別而爲四焉，其生萬物也亦然。（《漁
> 樵問對》）

且認爲，除了四時之外，陰陽合而爲「一氣」，所生之萬物，亦同乎此理而得
以以「四」分之。此即康節特重「四」之因由。又從圖所示，以四類一組而

對應於天地四者，於不同層級間所相對應之各「類」，其關係即爲「類比」意義。此下當續論「卦位」結構與實然世界之對應。

二、「卦位」結構

康節論卦之方位，有方、圓兩種，各有理論上之寓意，然在對實然世界的詮解時，則多以圓者爲主。圓圖的重要理論意義，在於藉由卦爻符號陰陽消長的過程，表出一切存有者的流轉消長，圖作圓形，尤能彰顯大化流行的循環無端，生生不息。在對應於實然世界時，主要用來詮解萬物萬物的消長週期，實際運用時，亦是「類比」法則的作用。如其云：

> 陽爻晝數也，陰爻夜數也，天地相銜，陰陽相攻，故晝夜相雜，剛柔相錯。春夏陽多也，故晝數多，夜數少；秋冬陰多也，故晝數少、夜數多。（〈觀物外篇〉上）

就六十四卦大圓圖來看，陰陽爻各有一百九十二，陽爻類比於晝，陰爻類比於夜，爻數的多寡類比晝夜的長短，圖中陰陽爻的交錯即「晝夜相雜」之意。康節乃用此圓圖結構，詮解實然世界的四季中，各季所統屬的晝夜長短的差異與變化，其「卦氣說」，亦由此立論，云：

> 冬至之子中陰之極，春分之卯中陽之中，夏至之午中陽之極，秋分之酉中陰之中，凡三百六十，中分之，則一百八十，此二至二分相去之數。（同上）

仍是運用「類比」之法，藉圓圖所呈顯的陰陽交錯周流之結構，說明一年節氣的變化，二至二分之位，依此而定。

從以上的分析可知，康節係根據「先天易學」之邏輯結構，運用「類推」、「互比」交互作用的「類比」法則，將客觀的外在世界之實際現象，分門別類地收攝涵容於其易學系統中，轉而對實然世界的生成變化，做合理的詮釋與說明。

總前三節所述，康節「先天易學」之結構，完全呼應於其之「觀物」論，係以易學系統的呈顯方式，代替了一般語言的陳述。如「太極」一詞，爲最高形上根源「道」的同義語；此下卦爻符號的層層推衍，即相應於不同的存有層級；爻分陰陽及其交互疊變，旨在表達一切存有者皆可析出對立面，並且說明萬化萬事乃交互作用，而非獨立的存在；而在對應於實然世界時所運用的「類比」法則，亦爲康節於「觀物」時所提出的「類」、「類推」作用的發展與引申；最後，必須指出，「先天易學」系統的用以詮解宇宙事事物物，

其最根本的預設，乃奠基於「人為萬物之靈」而能「以人代天」的「天人合一」理念上，而這正是康節經過「觀物」的層層辨析過程，方才證成的終極信念。吾人亦得由此見出，康節之「先天易學」，係以條理分明，體系井然之易學結構，而來彰顯其「觀物」所得之形上思維，兩者是一而二，二而一的；且此形上體系，除具有內在合理性外，更試圖與實然世界取得對應，以證明其有效性。至於最明顯的例證，莫過於其對古今歷史的詮解，此將在後面章節中進行討論。

第六章　「歷史哲學」概說

　　本章旨在解釋關於康節「歷史哲學」的一些基本概念：首先說明何以稱其歷史論述爲「歷史哲學」；其次探討此「歷史哲學」中，所運用的「元、會、運、世」之時間結構的理論意義；最後還要對「經世一元消長之數圖」進行解析，以約概見出此「一元」周期如何與歷史的發展取得對應。

第一節　釋名

　　對於古今歷史興衰演變過程的論述，是康節《皇極經世》的重要組成，書分十二卷，以「天時」與「人事」相參驗者即佔了三分之一。其子邵伯溫釋「皇極經世」四字，云：

> 至大之謂皇，至中之謂極，至正之謂經，至變之謂世，大中至正，
> 應變無方之謂道。〔註1〕

則又以「皇極經世」爲「道」，具最高形上根源之意涵；換言之，整部《皇極經世》即可視爲康節的「道論」。其「先天易學」，乃是以易學的符號與形式，呈顯整個形上思維，並以此易學結構，詮解宇宙萬化萬事生成變化現象。關於歷史的論述，亦屬「先天易學」之內容，尹達指出：

> 理學家邵雍的《皇極經世》，以歷史循環論與正統論相結合，……邵
> 雍之論，表明理學逐步侵入史學的趨向。〔註2〕

其實「理學逐步侵入史學」之說，不妨以「歷史哲學之發展」稱代，因爲康

〔註1〕見《性理大全書·皇極經世書》卷八引邵伯溫〈系述〉。
〔註2〕見尹達《中國史學發展史》（上），頁277～278。

節正是以易學哲學家的立場，意圖運用其所建構的形上理論，對歷史的變化，提出一合理的說明，就此而言，康節的歷史論述，當可歸爲「思辯的歷史哲學」一門。〔註3〕在本文中，則簡稱之爲「歷史哲學」。

本章試圖詮解康節的「歷史哲學」，則宜對其形上體系如何發用而落實到形下的實然歷史變遷，就其內在結構與相關論述的哲學意涵，進行探討。

第二節 「元、會、運、世」的時間結構

康節論述歷史的演變時，提出一套以「元、會、運、世」爲計算單位的時間系統。此一結構係類比於「日、月、星、辰」的「經天」之數，即運行之數而得，其云：

> 日經天之元，月經天之會，星經天之運，辰經天之世。以日經日，
> 則元之元可知之矣；以日經月，則元之會可知之矣；以日經星，則
> 元之運可知之矣；以日經辰，則元之世可知之矣。以月經日，則會
> 之元可知之矣；以月經月，則會之會可知之矣；以月經星，則會之
> 運可知之矣；以月經辰，則會之世可知之矣。以星經日，則運之元
> 可知之矣；以星經月，則運之會可知之矣；以星經星，則運之運可
> 知之矣；以星經辰，則運之世可知之矣；以辰經日，則世之元可知
> 之矣；以辰經月，則世之會可知之矣；以辰經星，則世之運可知之
> 矣；以辰經辰，則世之世可知之矣。（〈觀物內篇〉之十）

其間可以見出，「元、會、運、世」，乃時間序列之層級，同一層級之橫向互比，固有四者之分，就各單位自爲縱向之層級互比，亦可分出各統屬於其下之四者，是故其相互間之對待關係，亦非絕對，而具相對之義。是故康節在說明「元、會、運、世」之「數」時，特別謹愼，以「元之元一」言「元」之數值，以明其相對意義，云：

> 元之元一，元之會十二，元之運三百六十，元之世四千三百二十；
> 會之元十二，會之會一百四十四，會之運四千三百二十，會之世五

〔註3〕英人華許《歷史哲學》：「『歷史哲學』含有兩組哲學思想：它包括思辯的與分析的兩部。」對於「思辯的歷史哲學」，說：「一切形而上學的問題，所處理者是我所謂傳統的歷史哲學。這些哲學家所關心的要點，可以說，他們想要發現全部歷史過程之意義與目的。……他們認爲歷史哲學的任務在記錄下歷史事件的這種詳細過程以顯示出其『眞正的』意義與『基本的』合理性。」，見閻子桂中譯本，頁7與16。

萬一千八百四十；運之元三百六十，運之會四千三百二十，運之運
一十二萬九千六百，運之世一百五十五萬五千二百；世之元四千三
百二十，世之會五萬一千八百四十，世之運一百五十五萬五千二百，
世之世一千八百六十六萬二千四百。（同上）

「元」乃類比於太陽繞天而行，一年一周，故其數為一；「會」則類比於太陽
與月亮的交會，一年十二次，其數十二；「運」類比於一月之日數，其數三十；
「世」類比於一日之時辰數，其數十二。若以「元」為準，即以之為「經」
而「緯」之以「元、會、運、世」，其數即為一、十二、三百六十、四千三百
二十。以下同理可推。復將此時間結構設定以年為基本單位，則一元十二會，
一會三十運，一運十二世，一世三十年。是四者結構上的數字比例，為「十
二、三十、十二、三十」。此時間結構，其指涉非屬吾人平日使用與認知之「形
式時間」，而別有哲學上之意涵，乃以此為大化流行之自然法則，一切存有者
在邏輯意義之生發過程，皆循是而行，至於歷史的興衰演變，自亦不能外乎
此律則，康節遂執之以詮解中國歷史的演變。康節釋「元」之義，云：

元有二，有生天地之始者，太極也；有萬物之中，各有始者，生之
本也。（〈觀物外篇〉下）

是已賦「元」二義，一為最高形上根源之「太極」；一為各就萬物自身言其生
之本始，為「萬物皆有太極」之義。是「元」之義，依所詮解之對象（即所
「觀」之「物」）的不同而定。高師懷民釋康節所謂之「元」，云：

但所謂「元」，並非宇宙之終極，只不過是對下層概念之會、運、世
而言，「元」是整體之「一」，「元」之上有更大整體概念之「元」，「元、
會、運、世」只是上下無窮時間序列中的代表名稱而已。所以人們
不必去追究最根本之「元」，因為最根本之「元」正如「太極」之無
根底；而實際上，邵雍之「元」就是「太極」之義，時、空、萬物
之久暫、大小、分合各為一「太極」。〔註4〕

此說甚切，有助於吾人對於「元」之概念的理解。

「元、會、運、世」之類比於「日、月、星、辰」，遂亦使此一時間結構，
具備「陰陽」的意義，康節云：

陽中陽日也，陽中陰月也，陰中陽星也，陰中陰辰也。（〈觀物外篇〉
上）

〔註 4〕參見高師懷民〈邵雍先天易論史述評〉。

又云：

> 太陽爲日，太陰爲月，少陽爲星，少陰爲辰。（〈觀物內篇〉之一）

若將「日、月、星、辰」以「陰陽」分其大類，則日、星爲陽類，月、辰爲陰類，此乃就「互比」意義而理解之，而「元、會、運、世」既類比於此四者，是其「陰陽」寓意亦同乎此，則「十二、三十、十二、三十」之交相遞乘已備有「陰陽」互爲其根的形上意涵，乃陰中有陽，陽中有陰的宇宙生成變化律則的體現。今將此世界之生成毀滅定爲「一元」，而觀察存乎其間的人類歷史之開展與閉絕，即爲康節「歷史哲學」的範域。如其云：

> 天地如蓋軫，覆蓋何高極，日月如磨蟻，往來無休息。上下之歲年，
> 其數難窺測，且以一元言，其理尚可識，一十有二萬，九千餘六百，
> 中間三千年，迄今之陳跡，治亂與廢興，著見于於策，吾能一貫之，
> 皆如身所歷。（《擊壤集》卷十三〈皇極經世一元吟〉）

然則此「一元」所統括之「元、會、運、世」之時間結構，如何與易學系統及實然的歷史過程取得對應，其哲學基礎何在，擬在下二節中，試行辨析。

第三節　「經世一元消長之數圖」解析

「一元」的時間週期，其所統攝的「元、會、運、世」之時間結構，如何與實然世界中之人類歷史發展的過程，取得合理的對應，其大要梗概，可於「經世一元消長之數圖」中索得。此圖相傳爲邵伯溫所作，[註5]然就製圖之原則及所呈顯的理趣看來，是無悖於其父康節原旨，故如蔡元定、朱熹、吳澄……等人，均據之以說康節之學。在此亦引錄是圖（附圖十），並試析其內在結構與實然世界取得類比對應的哲學基礎。

一、配以「干支系統」

此圖下註有「慕數」二小字，即「一元在大化之中猶一年也」。[註6]「元、會、運、世」與「日、月、星、辰」共列，兩組乃「類比」關係。日與星、月與辰分屬陰、陽二類，而歷史紀年的「干支」系統，亦有「陰陽」之分，康節云：

〔註 5〕 參見王植《皇極經世書解》〈例言〉。
〔註 6〕 參見《性理大全書・皇極經世書》卷八引錄之「經世一元消長之數圖」，圖後所引邵伯溫語。

> 陽數一，衍之而十，十干之類也；陰數二，衍之而十二，十二支，十二月之類也。(〈觀物外篇〉上)

依陰陽類比，故日、星（即元、運）配以天干，而月、辰（即會、世）配以地支。此處但言「日甲一元」之數，即所謂「元之元」，配以天干之甲。一元之會十二，則日甲一元所統之十二月會配以十二地支，自子迄亥而止，並繫上地支序數。一月會計有三十星運，故各星下

圖十：「經世一元消長之數圖」

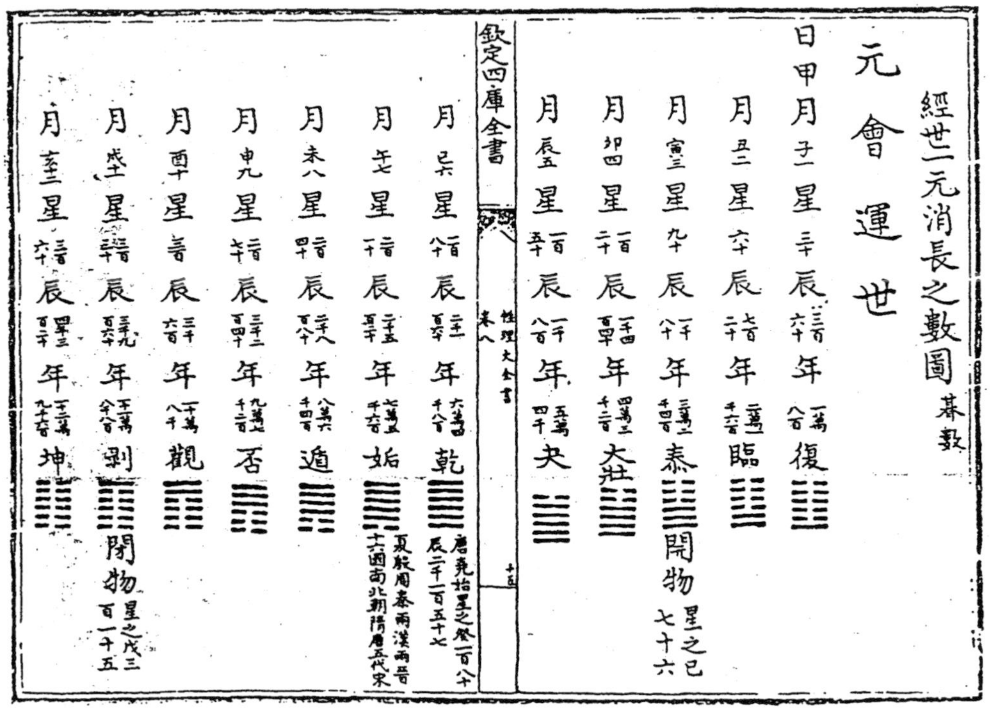

經世一元消長之數圖 基數
元 會 運 世
日甲
月子一 星三十 辰三百六十 年一萬八百 復
月丑二 星六十 辰七百二十 年二萬一千六百 臨
月寅三 星九十 辰一千八十 年三萬二千四百 泰 開物 星之己七十六
月卯四 星一百二十 辰一千四百四十 年四萬三千二百 大壯
月辰五 星一百五十 辰一千八百 年五萬四千 夬
欽定四庫全書　性理大全書 卷八　十五
月巳六 星一百八十 辰二千一百六十 年六萬四千八百 乾 唐堯始星之癸一百八十 辰二千一百五十七
月午七 星二百一十 辰二千五百二十 年七萬五千六百 姤 夏殷周秦兩漢兩晉十六國南北朝隋唐五代宋
月未八 星二百四十 辰二千八百八十 年八萬六千四百 遯
月申九 星二百七十 辰三千二百四十 年九萬七千二百 否
月酉十 星三百 辰三千六百 年一十萬八千 觀
月戌十一 星三百三十 辰三千九百六十 年一十一萬八千八百 剝 閉物 星之戊三百一十五
月亥十二 星三百六十 辰四千三百二十 年一十二萬九千六百 坤

所繫數字，一依其上之月數乘三十而定；三十之數，則由十天干輪值三次。一星運計有十二世辰，故各辰下所繫之數，一依其上之星數而定；十二之數，則以十二地支輪值。辰之下有年一格，以一世三十年之故，則年下所繫之數，則由上之辰數再乘三十而定。數字的由少而多，代表此「一元」世界的生發過程。將日、月、星、辰配以天干地支，並交遞相乘，除了合乎陰陽對立互根的宇宙律則外，更重要的是，將邏輯意義的結構，經由此一設定，而能與中國傳統的干支紀年方式相銜接，至此，「一元」之時間系統，遂具經驗與實然之意義。

二、配以「十二辟卦」

圖中在辰之下配以「十二辟卦」，而在泰卦下書有「開物星之巳七十六」、乾卦下書有「唐堯始星之癸一百八十辰二千一百五十七」、姤卦下書有「夏殷周秦兩漢兩晉十六國南北朝隋唐五代宋」以及剝卦下書有「開物星之戌三百一十五」等字句。對於圖中列入十二辟卦，高師懷民評曰：

> 此與邵雍計年之法實不合，作者疑心這一部分是出於蔡西山已意。因為從日、月、星、辰、年排下來，年以下應該是月用十二地支之數，而此表止於年而不論月數，蔡西山便將孟喜的十二辟卦代十二之數配入，殊不知這樣一來，反而混亂了邵雍的體例，使下面一格中，「開物」「閉物」之卦與邵雍先天圖不合了。〔註7〕

以為十二辟卦乃蔡氏所加，並不合於康節原意。高師係從先天六十四卦圓圖的配卦與卦變論証蔡氏之非。對於配卦卦變之說，下節將有討論，在此，筆者擬對此圖配以十二辟卦的哲學意義略作辨析。邵伯溫釋此圖，謂：

> 自子至巳作息，自午至亥作消；作息則陽進而陰退，作消則陰進而陽退。〔註8〕

說明「一元」間，陰陽互為消長的變化。蔡元定則云：

> 前六會為息，後六會為消，即一會之自子至巳為息；自午至亥為消。
> 〔註9〕

蔡氏「消息」之說，亦指「陽長陰消為息，反之為消」，與邵伯溫同意。按「陰陽互為消長」之律，係康節學說中極重要的理論，「一元」作為一個「週期」，即不能外乎此，今以「十二辟卦」配入，正可由卦之陰陽爻的增減變化，而見出消長律則，與十二月會的配以地支相呼應。十二辟卦固然是西漢孟喜卦氣學說對一年陰陽消長的描述，屬於「後天易學」的系統，但並不意味其與康節先天之學無相容的可能，如邵伯溫所云：「一元在大化之中猶一年也」，十二辟卦的排入、正有藉對「一年」陰陽二氣變化的詮解以類比於「一元」的消長之作用，準此而言，則不能完全否定其在圖中所具之意義。

圖中以復卦一陽始生，歷臨之二陽，而至泰之三陽方云「開物」，而再歷大壯、夬、乾、姤、遯、否、觀，至剝之五陰一陽而云閉物，最後則終之以坤。按，吾人適可藉由十二辟（月）卦的意義來了解，泰卦為寅月卦，三陽

〔註7〕參見高師懷民〈邵雍先天易論史述評〉。
〔註8〕同註6。
〔註9〕同註6，圖後引蔡元定語。

開泰，春天從此開始。剝卦爲戌月卦，陽氣將絕，秋天到此結束。坤、復、臨爲亥、子、丑三月之卦，坤卦寒氣肅肅，復、臨陽氣由下而生，然居下而未現，爲冬天之象。一年之四季，就傳統的農業社會言，春、夏、秋三季爲活動之時，冬天則休息靜止，以一年四季而類比一元之週期，故人類及萬物之活動亦由寅月始而止於戌月，故將「開物」繫於月寅（泰卦）之下，「閉物」繫於月戌（剝卦）之下。從此看來，十二辟卦雖非康節之說，然用之以爲一輔助系統，而來理解此圖之義蘊，亦有其存在之價值。

三、「以堯爲中數」

圖中所示，康節論述的歷史，上限斷自月巳第六會的唐堯，下限斷至月午第七會的北宋仁宗，乃因康節以爲此段史事，書傳可証驗，云：

> 自帝堯至於今，上下三千餘年，前後百有餘世，書傳可明紀者。（〈觀
> 物內篇〉之十一）

此外，從「經世一元消長之數圖」中所明示者，唐堯乃屬之十二辟卦之乾卦，而「始星之癸一百八十辰二千一百五十七」，邵伯溫云：

> 推而上之，堯得天地之中數也，故孔子贊堯曰：唯天爲大，唯堯則
> 之，蕩蕩乎民無得名焉，巍巍乎其有成功，煥乎其有文章。揚雄亦
> 謂法始乎伏羲而成乎堯，蓋極治之盛莫過乎堯，先乎此者有所未至，
> 後乎此者有所不及。〔註10〕

以爲堯之時乃中國歷史之典範，則是基於道德之政治判斷而言的，故以之爲「天地之中數」。黃瑞節則詳細說明「中數」之說，云：

> 蓋堯之時，在日甲月巳星癸辰申，當十二萬九千六百年之半，以上
> 爲六萬四千八百年之已往，以下爲六萬四千八百年之方來，是以謂
> 中數也，堯而後可遞而推矣。〔註11〕

從十二辟卦來看，乾卦乃六陽極盛，象徵人類文明的巔峰，其後乃姤卦之一陰生，即月午會所統者，歷夏、殷、周……以至北宋皆屬之於其間，則意味了就道德判準言的文明衰降之態。然則從唐堯至宋仁宗，上下三千餘年的歷史發展，如何用先天易學的卦爻結構予以對應，則留待下章討論。

〔註10〕同註6。
〔註11〕同註6，圖後引黃瑞節語。

第七章 「歷史哲學」析論

　　本章旨在探究康節「歷史哲學」的理論意義。擬從三個面向進行討論，其一，「先天易學」結構如何取得與實然歷史干支紀年的對應；其二，康節提出的「皇、帝、王、伯」的治亂類型，各有何種指涉；其三，此「歷史哲學」之積極意義何在。

第一節 「先天易學」結構與歷史紀年的對應

　　「先天六十四卦圓圖」的理論意義，在於藉由六十四卦卦爻變化而呈顯出陰陽消長的循環週期，如用之以說明一年之中「氣」的陰陽消長，則適成為「先天易學」之「卦氣學」。康節為了「置閏」的問題，提出解決的方法，乃將乾、坤、坎、離四正卦取出不用，原六十四卦共計三百八十四爻，去四正卦之二十四爻則成三百六十爻。康節云：

> 體有三百八十四，而用止於三百六十何也？以乾、坤、坎、離之不用也。乾、坤、坎、離之不用何也？乾、坤、坎、離之不用所以成三百六十之用也。（〈觀物外篇〉下）

四正卦的不用，就卦氣學而言，是為了解決一年三百六十五又四分之一天，不能整除的困難，如設定一年三百六十天，則餘下之五又四分之一天則用一年的二十四節氣予以收納，則可以解決，以四正卦之二十四爻各值二十四氣，則「乾、坤、坎、離之不用所以成三百六十之用」。這是「先天六十四卦圓圖」在「卦氣」理論上的對應方式，而「一元在大化之中，猶一年也」，就康節的「歷史哲學」言，其「一元」的週期意義，係類比於「一年」，職是，這個卦

爻結構，亦適用於對「一元」此一歷史週期的詮解。康節在設定「元、會、運、世」之時間系統時，乃賦以此四者間「十二」與「三十」交錯的數值關係，十二、三十交相遞乘，所得正爲三百六十，則恰可與三百六十爻一一對應，這當然不是偶然的巧合，而是經過深思熟慮後方才做成的結構設定，其中更涉及到獨特的卦變系統，茲說明如后。

一、卦變系統

　　由於三百六十之數，可爲傳統紀年的六十甲子數所除盡，是以卦爻結構，遂得與實然的歷史演變，取得準確的對應。然而就易學系統對經驗世界所具的象徵意義而言：「爻」必須置於「卦」之結構中，其意指方得以呈顯，故在實際運用時，三百六十「爻」，其實指的是六十卦的各卦六爻，經「陰陽爻變」的過程，所產生的三百六十「變卦」。「先天易學」在對實然之歷史進行詮解時，便是從其特殊的「卦變」系統，卦、爻互比的哲學意義，而運用在「元、會、運、世」有層級之分的時間結構上。因就原有的六十卦之各卦而言，一卦六爻所變出來的六變卦，二者在層級的互比意義，乃有「卦」與「爻」上下層級的相對關係，遂可對應於其歷史哲學的時間結構。例如「以會經運」，「會」爲上一層級，則以「卦」（原卦）對應；「運」爲下一層級，則用「爻」（變卦）對應，同理，其他相對的時間層級關係，均可以卦變系統予以表明。王植總「一元」的週期說明如何用卦變法得出相應的卦值，云：

> 以正卦六十爲本，外其變卦三百六十，即配一元之三百六十運而爲運卦者也；運卦三百六十，所變之二千一百六十卦，以一卦管二世，即配一元之四千三百二十世而爲世卦者也；世卦又變之一十二萬九千六百卦，即配一元之十二萬九千六百年而爲年卦者也。[註1]

這也就是說，一元類比於「先天六十四卦圓圖」的週期意義：去掉四正卦不用，所餘之六十卦，正可爲一元所統的十二會，以一會五卦的方式除盡；每會的五卦，共計三十爻，用爻變成卦的方法，又可變出三十卦來，又因一會三十運，正好一卦值一運；各值運之卦，一卦六爻，爻變而得六卦，此六卦遂可以一卦值兩世的方式來值一運的十二世；值世之卦，以一世三十年之故，乃統有六十年，此值世之卦，一卦六爻，爻變而得六卦，則此六卦，每卦各統十年。

〔註 1〕參見王植《皇極經世書解》卷一。

　　然而，一卦值十年的方式，還不能以一對一的精確度，來與歷史上的干支紀年取得對應，此時亦無法再用爻變之法來解決，因爲一卦用爻變只能得出六卦，無法除盡十年；必須另尋他法。於是回到值世之卦的層次來看，值世之卦，一卦統有二世，共計六十年，爲一甲子之數，這正能夠相對應於去掉四正卦後所餘的六十卦，達到一卦值一年的目的，如將六十卦，依序以一組十卦的方式分成六組，也與每卦值十年的六卦相配對，由是可以求出值年之卦。茲取唐堯即位的甲辰年爲例，說明推求年卦的方法。

二、釋例

　　據「一元消長之數圖」，唐堯乃始於「星之癸一百六十辰二千一百五十七」，這是約略的數字，而《皇極經世》的〈以運經世之一〉所載圖式（附圖十一），乃在「經世之未二千一百五十六」的甲辰年，爲日甲一元月巳第六會的第三十運的第八世的第十一年；若總「一元之數」言，則爲第六萬四千六百六十一年。圖中所示，甲辰一格所值之年卦爲隨，求得隨卦的過程如下：

　　（一）日甲一元之月巳第六會的五卦，依次爲：需、小畜、大壯、大有、夬。其中夬卦統第二十五至第三十的五運。

　　（二）第三十運所值之卦爲乾，係由夬卦變其上爻而得。

　　（三）乾卦以爻變法，得出姤、同人、履、小畜、大有、夬六卦。第八世爲小畜卦所統的兩世之一。

　　（四）小畜卦以爻變法，得出巽、家人、中孚、乾、大畜、需六卦。前三卦統第七世，後三卦統第八世。六卦各統十年。

　　（五）若從小畜卦所統之六十年來看，則唐堯即位之甲辰年爲第四十一年，依「先天六十四卦圓圖」的次序，從小畜卦起算至四十一卦，即可得出隨卦。若從小畜卦爻變而得的六卦來看，隨卦係爲大畜卦所統的十年中的第一年。

圖十一：「以運經世圖」

以運經世之一　觀物篇之二十七

經元之甲一　經會之巳六　經運之癸一百八十

經世之子二千一百四十九至經世之午二千一百五十五

經世之未二千一百五十六

甲午	隨（唐帝堯位）甲辰	損（甲寅節）
乙未	无妄	中孚
丙申	明夷	歸妹
丁酉	賁、	睽
戊戌	既濟	兌
己亥	家人	履
庚子	豐	泰
辛丑	革	大畜
壬寅	同人	需
癸卯	臨	

　　高師懷民曾以圖解方式說明此求卦過程，茲引圖如下，（附圖十二）惟高師以為隨卦係為乾卦（由小畜第四爻爻變而得）所統的十年之首，則當是一時的疏忽，而非推算之法有誤。〔註2〕

　　康節以「先天六十四卦圓圖」的卦爻結構對應於實然的歷史年代，其目的在於藉圖之陰陽爻變，類比政治的治亂，云：

　　　　天地之氣，北而南則治，南而北則亂，亂久則復北而南矣。天道人事皆然，推之歷代，可見消長之理也。（〈觀物外篇〉下）

〔註2〕高師懷民云：「唐堯即位之甲辰年，在小畜卦下第八世，即乾卦所統十年之首，值隨卦之年。」參見高著〈邵雍先天易論史述評〉。

其將圖之左半陽氣逐漸增加的過程，對應於古今歷史的「由亂而治」，而將圖之右半陰氣逐漸增加的過程，對應「由治而亂」，顯然有「陽盛爲治」、「陰盛爲亂」的類比設定。唐堯之世，乃在巳會第三十運，爲夬卦所值，且以四正卦不用之故，在「先天六十四卦圓圖」中，係爲陽氣最盛的極南之卦，準此而言，康節乃以唐堯之世爲治世中的巔峰，爲人類歷史文明的最高典範；而在「經世一元消長之數圖」中，則以「十二辟卦」中，六爻皆陽的乾卦來象徵，足以見出，固然系統有別，致使所值之卦，一爲夬，一爲乾，然而二者同以「陽盛爲治」爲詮解律則，故在「經世一元消長之數圖」中，配入「十二辟卦」，當不致與康節原意，有太大的衝突。

此外，就康節所用的卦變系統而言，理論意義在於，一次取一爻爲變，適可互比出此爻在原卦中的層級特性，遂可用以類比其所對應之歷史階段，彰顯出所別異於他段歷史的特色。

圖十二：「值年卦推求法釋例示意圖」（高懷民製）

巳會所統五卦及三十運之卦：（阿拉伯數字爲運數）

需	小畜	大壯	大有	夬
1 井	7 巽	13恆	19鼎	25大過
2 既濟	8 家人	14豐	20離	26革
3 節	9 中孚	15歸妹	21睽	27兌
4 夬	10乾	16泰	22大畜	28需
5 泰	11大畜	17夬	23乾	29大壯
6 小畜	12需	18大有	24大壯	30乾

巳會第三十運「夬之乾」所統十二世之卦：（阿拉伯數字爲世數）

姤	同人	履	小畜	大有	夬
1 { 乾 遯 訟	3 { 遯 乾 无妄	5 { 訟 无妄 乾	7 { 巽 家人 中孚	9 { 鼎 離 睽	11 { 大過 革 兌
2 { 巽 鼎 大過	4 { 家人 離 革	6 { 中孚 睽 兌	8 { 乾 大畜 需	10 { 大畜 乾 大壯	12 { 需 大壯 乾

經日之甲一（元）

經月之巳六（會）

經星之癸一百八十（運）

經辰之午二千一百五十五（世）

甲子 小畜									癸酉 井
甲戌 蠱									癸未 遯
甲申 咸									癸巳 晉

經辰之未二千一百五十六（世）

甲午 豫	乙未 觀	丙申 比	丁酉 剝	戊戌 復	己亥 頤	庚子 屯	辛丑 益	壬寅 震	癸卯 噬嗑
甲辰 隨 唐堯即位	乙巳 无妄	丙午 明夷	丁未 賁	戊申 既濟	己酉 家人	庚戌 豐	辛亥 革	壬子 同人	癸丑 臨
甲寅 損	乙卯 節	丙辰 中孚	丁巳 歸妹	戊午 睽	己未 兌	庚申 履	辛酉 泰	壬戌 大畜	癸亥 需

就此而言，經過繁複的卦變過程，則有限的六十四卦，將因多重層級的交錯組合，在輪值於各歷史紀年時，即便所值之卦相同，其所代表的陰陽消長、興衰治亂等意義，亦不盡相同，各卦皆爲獨一無二，而此正可類比於紛然多變的歷史現象。

第二節 歷史治亂的分類與判準

一、以「皇、帝、王、伯」爲類型

　　以「三皇」、「五帝」、「三王」、「五伯」的歷史人物，做爲政治治亂的演進階段，並非康節首倡，如東漢桓譚《新論》已有相關的論述，云：

> 三皇以道治，五帝以德化，三王由仁義，五伯用權智。〔註3〕

然而從中抽取治亂的「類型」意義，並用以詮解歷史的演變，則爲康節「歷史哲學」所獨創，並成爲其學說的鮮明特徵。

　　康節肯認「天人合一」，並提出「天時與聖經相表裡」的主張，（關於此類論述請參見本論文第三章第五節，此不贅。），是則「天時」與「聖經」遂取得「類比」關係，其云：

> 觀春則知易之所存乎，觀夏則知書之所存乎，觀秋則知詩之所存乎，觀冬則知春秋之所在乎。（〈觀物內篇〉之四）

繼而又推論「聖人」亦有其「時」，即「皇、帝、王、伯」四者，係指昊天之「時」降落於「人」，而在人事範圍的歷史演變層面所呈顯的四個類型，云：

> 皇、帝、王、伯者，聖人之時也，易、詩、書、春秋者，聖人之經也；時有消長，經有因革。（〈觀物內篇〉之五）

認爲「聖人之時」有其「消長」，「聖人之經」有其「因革」，二者可以類比對應。又云：

> 易始於三皇，書始於五帝，詩始於三王，春秋始於五伯。（〈觀物外篇〉下）

這是從「類比」關係中，由「易、書、詩、春秋」四經之內容所陳述的歷史年代，確認「三皇、五帝、三王、五伯」歷史演進的四個階段，這四個階段並被賦予治亂的層級意義，而做爲對歷代政治良窳的評判類型。如其云：

> 孔子贊易有羲軒而下，祖三皇也；自堯舜而下，宗五帝也；自文武而下，子三王也，自桓文而下，孫五伯也。（〈觀物內篇〉之六）

用「祖、宗、子、孫」的人倫關係之尊卑等級，比擬四者的層級高低。又云：

> 所謂皇、帝、王、伯者，非獨三皇、五帝、三王、五伯而已，但用無爲則皇也，用恩信則帝也，用公正則王也，用知力則伯也。（〈觀物外篇〉之下）

〔註3〕參見桓譚《新論》。

從此可以見出，「三皇、五帝、三王、五伯」，是「皇、帝、王、伯」的「原始類型」，後者乃抽取了前者所涵攝的治亂意義，而用來泛論萬世萬代的「類別」，是不專指某一朝代而言的。康節云：

> 法始乎伏羲，成乎堯，革於三王，極於五伯，絕於秦。萬世治亂之跡，無以逃此矣。（同前）

係認定這四個歷史階段，如同聖人所制之經，已具有一作為「典型」的意義，因此只要分析、綜結其所代表的理論意義，即可類比於古今所有的歷史治亂之演變。

二、以道德精神爲依歸

在《擊壤集》卷十五中，有幾首詩可供參考，如吟詠「三皇之時」的〈觀三皇吟〉：

> 許大乾坤自我宣，乾坤之外復何言，初分大道非常道，纔有先天未後天。作法極微難看蹟，收功最久不知年，若教世上論勳業，料得更無人在前。

吟詠「五帝之時」的〈觀五帝吟〉：

> 進退肯將天下讓，著何言語狀雍容，衣裳垂處威儀盛，玉帛修時意思恭。物物盡能循至理，人人自願立殊功，當時何故得如此，只被聲名類日中。

吟詠「三王之時」的〈觀三王吟〉：

> 一片中原萬里餘，殆非屏德所宜居，夏商正朔猶能布，湯武干戈未便驅。澤火有名方受革，水天無應不成需，詳知仁義爲心者，肯作人間淺丈夫。

吟詠「五伯之時」的〈觀五伯吟〉：

> 刻意尊名名愈虧，人人奔命不勝疲，生靈劍戟林中活，公道貨財心裡歸，雖則羶羊能受禮，奈何鳴鳳未來儀，東周五百餘年內，歎息惟聞一仲尼。

從上引諸詩中，可以見出「道德精神」的演變，是康節歷史判準的依據。此外，「皇、帝、王、伯」的治亂意義，復可由「三皇、五帝、三王、五伯」與「昊天四時」，即「春、夏、秋、冬」的類比中見出，康節云：

> 三皇之世如春，五帝之世如夏，三王之世如秋，五伯之世如冬。（〈觀物內篇〉之九）

在《擊壤集》卷十三中,亦有此類的詩作,如〈三皇吟〉:

> 三皇之世正熙熙,鳥鵲之巢俯可窺,當日一般情味好,初春天氣早
> 晨時。

以「三皇之世」比於「初春天氣」,又爲一天中的「早晨」,意指人類文明如
日(陽氣)之初昇。就道德的層面言,其質最淳,含藏而不露,是爲至善之
時。此時人無物我之分,最切近於「自然之道」。又〈五帝〉詩云:

> 五帝之時似日中,聲名文物正融融,古今世盛無如此,過此其來便
> 不同。

然前文已云「三皇」之爲「至善」,此詩則謂「五帝」爲「盛世」,是否有所
矛盾?高師懷民解釋云:

> 「三皇」之世最切近於道,人文方自道中呈現,若日之方升,光耀
> 雖不奪目,而和熙可親,內在質淳故。「五帝」之世則多於外在之發
> 揮,明若麗日之在天,道之含藏已有虧,入於德之表露,然就人文
> 呈現之象言則最盛。〔註4〕

此實切於康節原旨。又〈三王〉詩云:

> 三王之世正如秋,權重權輕事有由,深谷爲陵岸爲谷,陵遷谷變不
> 知休。

從前一階段「五帝之時」以至於此「三王之世」,係爲陽漸衰,陰漸盛的過程,
相對於一年四季之變化,故以「秋」類比之。又〈五伯〉詩云:

> 五伯之時正似冬,雖然三代莫同風,當初管晏權輕重,父子君臣尚
> 且宗。

「五伯之時」,較前三階段言,有「陰盛已極」之象,故類比於四時之「冬」。
四時之具陰陽消長性,在「先天易學」中,係用「先天八卦圓圖」,或「先天
六十四卦圓圖」所寓的消長週期意義予以對應詮解,從「類比」關係,即可
推出「三皇、五帝、三王、五伯」的四個歷史演進階段,備有「陰陽消長」
的意義,而在此一系統中,又有「陽盛爲治」、「陰盛爲亂」的預設,也就是
說,歷史的治亂興衰,可藉卦圖的卦爻結構以類比的方式對應說明。至於「治
亂」的判準,係以道德精神爲依歸,如其云:

> 祖三皇尚賢也,宗五帝亦尚賢也;三皇尚賢以道,五帝尚賢以德;
> 子三王尚親也,孫五伯亦尚親也,三王尚親以功,五帝尚親以力。(〈觀

〔註 4〕 同註2。

物內篇〉之六）

根據於道德精神的「尚賢」、「尚親」及其下層級「道、德、功、力」的不同判定。康節並且從許多不同的角度，運用「經世四象」的類比法則，以說明「皇、帝、王、伯」的差異，如「意、言、象、數」、「仁、禮、義、智」、「性、情、形、體」、「聖、賢、才、術」、「化、勸、教、率」、「正命、受命、改命、攝命」等等，各組中的四類，既爲「類別」，又寓有層級的高下，而此類比意義的設定，就「三皇、五帝、三王、五伯」之爲「皇、帝、王、伯」的最高「典型」來說，係由每一組中的各類，作「同級對應」；而「同級對應」外的交互錯綜，高低不同，則可用以詮解其他歷史階段的非「純粹」性，然大要地說，卻都可以歸入「皇、帝、王、伯」的四大類中；亦即是，用有限的分類原則，概括無限的歷史變化。如云：

> 三皇春也，五帝夏也，三王秋也，五伯冬也，七國冬之餘冽也，漢王而不足，晉伯而有餘，三國伯之雄者也，十六國伯之叢者也，南五代伯之借乘者也，北五代伯之傳舍者也。隋，晉之子也；唐，漢之弟也，隋季諸郡之伯，江漢之餘波也；唐季諸鎮之伯，日月之餘光也；後五代之伯，日未出之星也。（〈觀物內篇〉之十）

或有餘，或不足；或借乘，或傳舍；或子，或弟……的描述，則是輔助「皇、帝、王、伯」四者，在於「類型」意義的侷限下，猶能靈活地概括千變萬化的實然歷史。

如前所述，康節將歷史上的治亂分爲「皇、帝、王、伯」，並以「五帝」之時，爲「治世」的最高典型，謂「古今世盛無如此」，而對應於「經世一元消長之數圖」的「以堯爲中數」；以及唐堯所處之月巳第六會所值夬卦，係「先天六十四卦圓圖」中，去四正卦不用後，正爲「極南」、「陽氣最盛」之卦，就治亂意義而言，即爲「治世」之盛極，則可見出康節之歷史評述，是與其「先天易學」的卦爻結構所呈顯的理論意義，相互呼應並緊密綰結的。

第三節　「歷史哲學」所涵寓的積極意義

康節歷史哲學有其正面的積極意義，大要可分爲兩點：其一：認爲人之於時代的治亂，有其影響力，亦即指出，歷史並非命定或必然的；其二：基於前者，進而提出了「權變應時」、「重人倫教化」等爲政的指導原則。

一、人對時代治亂具有影響力

康節云：

> 夫人不能自富，必待天與其富，然後能富，人不能自貴，必待天與
> 其貴，然後貴，若然，則富貴在天也，不在人也。有求而得之者，
> 有求而不得者矣，是係乎天者也。功德在人也，不在天也。可修而
> 得之，不修則不得，是非係乎天也，係乎人者也。……天下至富也，
> 天子至貴也，豈可以妄意求而得之也？雖有天命，亦未始不由積功
> 累行，聖君艱難以成之，庸君暴虐以壞之，是天與？是人與？是知
> 人作之咎，固難逃已，天降之災，攘之奚益？積功累行，君子常
> 分，……然而有幸有不幸者，始可以語命也已。（〈觀物內篇〉之六）

在此指出，「富貴」之得，乃天之予奪，非人之所能強求；然而「功德」之修
為，其主控權在人而不在天，修之即得，不修不得，非天之所能主宰者。如
果針對上位者說，世代的盛衰關鍵有兩個，一為富貴層面的天子之位，一為
功德層面的道德修為；天子之位係「天命在我」，道德修為則主動權在於我。
是故康節云：「雖有天命，亦未始不由積功累行」，是為「君子常分」，至於「有
幸有不幸者」則屬「天命」範圍，非吾人所能逆料者。是知康節之論述「皇、
帝、王、伯」的治亂分類，所重在「道德精神」的轉變上，寓有此深意，固
不以超乎人之影響力外的「富貴天命」，為治亂之判準也。如其舉例云：

> 夏禹以功有天下，夏桀以虐失天下，殷湯以功有天下，殷紂以虐失
> 天下，周武以功有天下，周幽以虐失天下，三者雖時不同，其成敗
> 之形一也。（同上）

夏之禹、桀，殷之湯、紂，周之武、幽，均由「天命」而有「天子之富貴」，
然而各為「功、虐」，故或有天下，或失天下，故康節歸結云：「雖有天命，
未始不由積功累行」。

就「先天六十四卦圓圖」的卦爻結構而言，賦予陽治陰亂的意義指涉後，
已經代表「天命」的流行過程，在康節的思想中，「天命」意指最高形上根源
的「道」之作用於我，即其云：

> 天使我有是之謂命。（〈觀物內篇〉之下）

是命為先天的存在，然而康節從「觀物」的過程，辨析「人為萬物靈」，能上
通於「天」，即與道合一，或謂「天人合一」，係認可人有參贊「天地之化育」
的可能；吾人固然無法決定「先天」的命，但可以藉由「後天」的努力，彌

補其不足處。康節云：

> 堯之前，先天也，堯之後，後天也，後天乃疾法耳。（同前）

堯之前，天道自然所呈顯的流行，據先天圖來看，正是陽氣漸長的趨勢，於此時，人人自然命乎道德，時世盛極。堯之後，已為陽衰陰盛的流行趨勢，於是，若要彌補「先天」的「陽氣」不足，「後天」的人為努力益形重要，即所謂「效法」也。康節的歷史判準以道德為的，道德精神愈高，類比於「陽氣」愈盛，是故得以「後天」的「修德」，上參「先天」的大化流行，有此「效法」，而「治世」即可復現。這正是康節「歷史哲學」的重點，其具積極、正面之意義是不辨自明的。又云：

> 仲尼曰：善人為邦百年，亦可以勝殘去殺，誠哉是言也，自極亂至
> 於極治，必三變矣。三皇之法無殺，五伯之法無生，伯一變至於王
> 矣，王一變至於帝矣，帝一變至於皇矣。其於生也，非百年而何？
> （〈觀物內篇〉之九）

極亂至於極治，必須有一定的轉變過程，而非一蹴可幾，康節引孔子語，以為需時百年，然此中已透顯出一正面意義，即極治之時仍然可致，重點在「有生無殺」。康節並從史實論證，云：

> 自三代以降，漢、唐為盛，秦介於周、漢之間矣。秦始盛於穆公，
> 中於孝公，終於始皇，起於西夷，遷於歧山，徙於咸陽，兵瀆宇內，
> 血流天下，併吞四海，更革古今，雖不能比德三代，非晉、隋可同
> 年而語也，其祚之不永，得非用法太酷，殺人太多乎？所以仲尼序
> 書終於秦誓，一示其旨，不亦遠乎？夫好生者，生之徒也，好殺者，
> 死之徒也，周之好生也以義，漢之好生也亦以義；秦之好殺也以利，
> 楚之好殺也以利；周之好生也以義，而漢且不及；秦之好殺也以利，
> 而楚又過之。天之道，人之情，又奚擇乎周、秦、漢、楚哉？擇乎
> 善惡而已，是知善也者，無敵於天下，而天下共好之，惡也者，亦
> 自矜無敵於天下，而天下共惡之，天之道，人之情，又奚擇乎周、
> 秦、楚、漢哉？擇乎善惡而已。（〈觀物內篇〉之六）

明確指出關於「治亂」的差別，在於「天道人情之所擇」，即在「善惡」而已，此處所言之「善惡」；善者「好生以義」，惡者「好殺以利」，亦即道德精神的層級高下判然有別。秦、楚在治亂評判的低於周、漢，理由在此。而這也可以解釋「先天卦圖」所呈顯的治亂興衰，雖為一定方向的陰陽消長趨勢，然

而歷史所發展的朝代政治卻有治有亂。「天命」的自然流行，並非人事興衰的惟一判準，而人對歷史發展的影響力，即在此中呈顯。對於人之影響力，康節係以「權變應時」、「人倫教化為重」的理念，來做原則性的指導與說明。

二、「權變應時」說與「重人倫教化」的施政原則

康節以四季類比天道之流行，云：

> 天道之變，王道之權，為治之道，必通其變，不可以膠柱，猶春之
> 時，不可以行冬之令也。（〈觀物外篇〉下）

天時，即天道之變，固有四時之異，然而就人而言，仍可因時制宜，做完善的準備以對應。即天道的流行，陰陽消長的或盛或衰，就為政者而言，並無改變的能力，然而仍可詳察其變化之道，而權衡應行之治，則為「王道」之「治世」矣。是知「皇、帝、王、伯」的政治區分，與四季類比，除適與先天卦圖的陰陽消長意義相對應外，更引出積極的指導作用，提示為政之人，時時體察天道的流變，而以相應的政治教化平衡之。故又云：

> 漢儒以反經合道為權，得一端者也。權，所以平物之輕重，聖人行
> 權，酌其輕重而行之，合一而已，故執中無權者，猶為偏也。（同上）

這種「酌其輕重而行之」，正是知天時之陰陽消長後，所應有的相應施為，天時所呈現的陰氣愈盛，則必須補足的陽氣就得更多，這裡的陰陽，不是玄話，而是對道德精神轉變的指涉。至於實際的道德教化，康節指出，要從「人倫」的重視做起，其舉「三代」為例，云：

> 至于三代之世治，未有不治人倫之為道也，三代之世亂，未有不亂
> 人倫之為道也。後世之慕三代之治世者，未有不正人倫者也，後世
> 之慕三代之亂世者，未有不亂人倫者也，自一二代而下，漢唐為盛，
> 未有不由治而興，由亂而亡，況其不盛於漢唐者乎？其興也，又未
> 始不由君道盛，父道盛，夫道盛，君子之道盛，中國之道盛；其亡
> 也，又未始不由臣道盛，子道盛，妻道盛，小人之道盛，夷狄之道
> 盛。噫！二道對行，何故治世少而亂世多邪？君子少而小人多邪？
> 曰：豈不知陽一而陰二乎？（〈觀物內篇〉之九）

故知世治世亂，落實到道德層面來看，即有「治人倫」、「亂人倫」之別。此指導原則，是經由史實的歸納而得，而非憑空虛構的。文中並對可徵驗的歷史中，「治世少而亂世多」、「君子少而小人多」的局面做了解說，以為「陽一

而陰二」：吾人試就「先天六十四卦圓圖」來看，歷史所可證驗的圖之右半圈，陰陽爻的比例恰爲陽一而陰二，康節之意在此。然而從史實的歸納與分析中，又指出「人倫」教化的重要，陽少陰多，故須藉由類比於「陽」的「人倫」之道德精神的提倡，予以充份的補足，職是，陰陽二氣又互爲消長，則亂世之返回治世，即成指日可待者。從此亦可見出，康節的「歷史哲學」，並不是「命定、退化論」，而乃具有正面的積極意義。

第八章　批評與討論

　　朱子對於康節之學，頗爲看重，如《易學啓蒙》中，多引康節語，並予以闡述；在《周易本義》卷首引錄了「先天易學」的幾個重要圖式；《語類》與《文集》中，更可見到朱子與人討論康節其書其學的相關資料。南宋以後，朱學大行，康節之學遂因之而爲世人所看重，然而歷代學者，對康節學說有所質疑的，亦不在少數，《四庫全書總目提要》云：

> 元陳應潤作《爻變義蘊》，始指先天諸圖爲道家假借易理以爲修煉之術。吳澄、歸有光諸人亦繼排擊，各有論述。國朝毛奇齡作《圖書原舛編》，黃宗羲作《易學象數論》，黃宗炎作《圖書辨惑》，爭之尤力。〔註1〕

此外，更有持實証科學，批評康節思想爲閉門造車者。今日如欲對康節的學術地位，做公平且準確的評估，對於這些負面的批評甚或抨擊，自當有所辨析與討論。鑑於批評者的論述觀點，各有所重，並不適合專就某家予以辨析，職是，筆者所採取的處理方式，係統括各說、撮其要點，概分爲如下四類：其一，因其學之道教淵源，評其爲道教養生之說；其二，因其圖數之學開展易學之用，評其爲數術家；其三，因其易學系統之層級結構，評其爲機械、命定、退化論；其四，因其學不合實証科學，評其爲玄想假說，本章即準此四端，徵引各家相關意見，予以分析討論。

第一節　評其爲道教養生之說

　　由於康節之學有得於道士陳摶之傳，又其以乾、坤、坎、離爲四正的「先

〔註 1〕見紀昀《四庫全書總目提要》。

天」圖式,與魏伯陽《參同契》所述者相合,而被視爲道教煉丹養生之說。元之俞琰,於其所撰之《易外別傳》中,屢屢徵引康節之學,以論及養生之說。曾云:

> 《易外別傳》者,先天圖環中之秘,漢儒魏伯陽《參同契》之學也。……
> 大要不出先天一圖,是雖易道之餘緒,然亦君子養生之切務,蓋不
> 可不知也。〔註2〕

職是,後之學者,多有以正統儒學捍衛者自居,而痛斥康節之學爲雜揉道教異說。茲舉章太炎爲例,其云:

> 宋陳希夷造先天八卦河洛諸圖,傳之邵康節,此乃荒謬之說。……
> 先天八卦,以說卦方位本離南坎北者,改爲乾南坤北,則與觀象
> 觀法而造八卦之說不相應。此與《尚書》僞古文,同不可信。至
> 今日《書》而信僞古文,《易》而及河洛先天,則所謂門外漢矣。
>
> 〔註3〕

深惡痛絕之情,溢於言辭。然而,根據學者的研究指出,先天圖式的「卦位」與「卦數」,在漢代的焦氏《易林》中已被廣泛運用,是儒學亦早有是說,並非道教所專擅。(參第四章第一節淵源)此外,雖然康節易學有託古的嫌疑,然而吾人亦不可因此而否定其成爲一門學問的可能,茲舉李師周龍對「圖書之學」的看法,以爲參考:

> 我們不妨把它們當作宋易的特色,或易學的旁支,因爲這畢竟是宋
> 儒智慧的結晶,裡面包含著他們的心法哲理與特殊的見解,眞可以
> 把它們當作一門學問來研究,怎可輕言廢棄呢?〔註4〕

這種在學術上的開闊胸襟,是值得吾人參照的。

第二節　評其爲數術家

康節「先天易學」號爲「數學」,對「易數」的運用靈活,從而開展了易學之用,對後世的數術階層,啓發尤大,每推其爲宗主,如清楊體仁著有《皇極經世心易發微》,係本於康節之學,發展出一套占卦術,又坊間流傳的《梅花易數》亦近似於此,更託名爲「大宋邵康節先生著」,加以康節能「前知」

〔註2〕　見俞琰《易外別傳・敍第一》。
〔註3〕　見章太炎《國學概論》。
〔註4〕　參見李師周龍〈周易十翼與周易本義九圖〉。

之傳說，在後世大爲流行，附會更多，〔註5〕於是，康節往往被聯想爲「數術家」，如黃宗炎即謂：

> 吾直曰：邵氏之易，欲求爲京、焦，而力有弗逮也。〔註6〕

比之爲「京、焦」末流，措辭嚴厲，強烈質疑康節之學的學術價值。惟必須指出，如前面數章對康節之學所做的剖析，其爲一形上學理論，用以說解宇宙生成變化之法則，哲學性之高亦無可置疑，且其「歷史哲學」係驗証性質，與「京、焦」之易爲占斷吉凶災異者，相去有間，是不宜相提並論。復次，關於康節「前知」之說，朱子曰：

> 蓋其學本明理，……若云渠能知未來事，則與世間占覆之術何異，其去道遠矣，其知康節者末矣。〔註7〕

又云：

> 康節是他見得一個盛衰消長之理，故能知之。若只說他知得甚事，如歐陽叔弼定諡之類，此知康節之淺陋者也。〔註8〕

此下，再引康節述及「術」、「數」之語，以見其自身之立場。云：

> 至理之學，非至誠則不至，物理之學，或有不通，不可以強通，強通則有我，有我則失理而入術矣。（〈觀物外篇〉下）

又云：

> 言發於眞誠，則心不勞而逸，人久而信之，作僞任數，一時或可以欺人，持久必敗。（仝上）

以「術」爲「失理」，以「作僞任數」爲不「眞誠」，是知，以「數術家」言康節者，可以休矣。

第三節　評其爲機械、退化、命定論

　　由於康節「先天易學」之系統結構，係以奇偶之交畫層層分化，以呈顯宇宙之生成變化的對立互根律則，加以此形上思維落實於形下世界的實然歷史，採用「元、會、運、世」的時間結構、「皇、帝、王、伯」的治亂分類予以詮解，於是使觀者產生「機械、命定、倒退」論的看法，然而此類批評的

〔註5〕《宋史》康節本傳中已有此類記載。
〔註6〕見《宋元學案‧百源學案》下引錄。
〔註7〕見《朱子語錄》卷一百。
〔註8〕同前註。

合理與否，實待商榷。

對於康節學說持「機械論」看法者，如吳康，云：

> 凡元會運世之紀，暑寒晝夜之變，日月星辰之象，歲月日時之運，
> 水火土石之狀，雨風露雷之化，草木飛走之類，耳目口鼻之用，性
> 情形體之異，色聲氣味之感，皇帝王霸之治，易書詩春秋之學，皆
> 以陰陽剛柔，為之經緯錯綜，……造成一種數學機械化之宇宙觀（世
> 界觀），而為中國哲學中純植基於數學而立說之機械論的自然主義，
> 為宋代性理學一異軍蒼頭特起之作。〔註9〕

此種評述，是著眼於康節易學系統的結構，係由等比級數之生成次序而成立，
而其圓圖之運用，又為無限的循環往復，至於「經世四象」，更易使人有刻板
印象。然而，誠如高師懷民所指出：

> 是形而上之道之原理原則同，而落入形而下的具體事物則變化萬
> 端。今邵雍的易學，目的在於闡明形上的道，又不得不藉用形而下
> 的具體符號（圖與數），其落入滯礙，落入機械必然的感覺是不能避
> 免的，但我們應當知道在他的先天易圖與易數的機械必然的形式之
> 內，包含著無窮的變化，正如春、夏、秋、冬與生、長、老、死一
> 樣。〔註10〕

又，如前面數章的討論，吾人當可理解，康節對「層級」的運用，是採「相
對」的定位關係，並非必然、絕對的，是故以「機械論」視之，恐有未的。

此外，一般對康節歷史哲學的批評，認為是「命定、退化」之論，如馮
友蘭即針對此點而謂：

> 中國哲學家大都認為，歷史是不斷退化的過程，在這個過程中，現
> 在的一切都不如理想的過去，邵雍的理論給予這種觀點以形上學的
> 根據。〔註11〕

果如其言，康節歷史哲學的理論意義全為消極與負面，則於人類歷史之發展，
亦已否定人在其中的主動影響力。這類批評者，係從「先天六十四卦圓圖」
的右半圈之卦爻結構來看，為陰爻漸由下生，而陽爻遞減的「陽消陰盛」之
過程。此中所類比的治亂意義，即是：從「唐堯」（即「五帝之世」）之為治

〔註 9〕 參見吳康《邵子易學·序》，頁 1。
〔註10〕 參見高師懷民〈邵雍先天易論史述評〉。
〔註11〕 參見馮友蘭《中國哲學簡史》，頁 267。

世的最高典範之後，歷史的演進，是爲「盛極而衰」、「由治而亂」的倒退過程。準此而論，視康節之歷史哲學有「倒退的歷史觀」似有其理據，然而這種評述畢竟沒有見到全面。實際上，「先天六十四卦圓圖」以及康節對歷史發展的論述，主要在說明「圓道」的循環往復之既有「陰消陽長」、「由亂而治」，亦有「陽消陰長」、「由治而亂」，具完整的週期意義。且在「一元」的週期中，又可無限細分出層級再下降的小循環週期，亦是一陰一陽，一治一亂的消長過程；亦即是說，在或盛或衰的大趨勢下，仍然各具治亂、陰陽的交互轉換意義，此正與其形上思維相應。職是，如果不詳究於此，而乃斷章取義，訾議康節歷史觀爲機械與退化，這樣的批評本身已含「以偏概全」的缺失，並不足以論斷康節的學說。

吾人檢視可徵驗的歷史事實，從唐堯等「五帝」之世後，以迄於今日的歷史發展，其間朝代的鼎革更替，仍是有盛衰，有治亂的起伏，此在康節的「歷史哲學」裡，則運用爻變卦變之系統，以層級重疊交變的方式，將有限的六十四卦，重組出無窮的卦爻變化，類比於「陰陽、治亂」，則繁複多變，指涉不同，從而可運用來對應紛然雜出的歷史演變。康節並且用「皇、帝、王、伯」的治亂類型，予歷史以抽象的概括與定位，並有相應的價值判斷。復次，經由對古今史實之興衰治亂的分析歸納，肯認了人對歷史的發展，具有一定程度的主動性，說明歷史並非全然命定而無可改變，進而提出「權變應時」的原則，做爲施政者的指導方針，則此一學說的正面性與積極意義，是不容否認的。

第四節　評其爲玄學假說

時值晚近，實証科學發展神速，於是人人意識中，已隱然有以其爲「學術眞理」的判斷標準，而若執實証科學所已探究之天文知識，繩以康節歷史之論，評其爲玄學假說，爲「不科學」，自無可避免，如吳康云：

> 據今所說，宇宙開闢迄今，已二三十億年，即有人類以來，亦達六百萬年，乃康節皇極經世一元之數，裁一十二萬九千六百年，何殊小巫之見大巫……但以經世所訂之年數視之，何止朝菌蟪蛄之於冥靈大椿者哉？故康節經世消長之數，止玄學化天文之一假說，閉門造車之論，非所語於現代科學之林。而其以唐堯爲得天地之中數，

據以推算先後年世，其為一種主觀的假定，而非客觀的事實，亦昭
然以明矣。〔註12〕

對於吳氏此論，高師懷民深不以為然，曾列六點予以批駁，〔註13〕茲撮其要
點，列述如下：

第一：康節之先天易數是哲理推數，不宜以探測實証的科學視之。二者
　　　在基本精神上有分野。

第二：康節的先天易中經世之數，在形式上雖然確定，在實質上不可視
　　　之為固定不變。

第三：康節之數，只是「物理」的代表，從他的易數中得易道之理路才
　　　是主要的，而執著於他的數字若干，恐非瞭解先天易的正途。

第四：研究易學當知「一物一太極」之義，從先天圖上看，「天道」之開
　　　只佔一個「子會」，「地道」之闢也只佔一個「丑」會與寅會之半，
　　　那是以近望遠，以今述古之當然，易貴「旁通」，貴「引而申之，
　　　觸類而長之。」否則將何以為易？

第五：科學中之天文數字乃人類知識領域之所得，而康節之易數乃人類
　　　生存之實限，故不可以科學之大數卑先天易之小數。

第六：康節「皇、帝、王、伯」之歷史論述，屬歸納史實得思想法則的
　　　工作，正是哲學家的本分事。

此六點確然指出，康節之學，係以形上思想之向度，對實然世界做哲學
性的詮解，相對於實証科學，乃各有範域，若相提並論，則直如枘鑿之不入，
其不能相應也明矣，而現今以實証科學，做為一切學問之準繩的心態，恐怕
也值得多加考量。

〔註12〕同註9，頁81。
〔註13〕同註10。

第九章　結　論

　　本論文對康節思想所做的探討，除了就論文題目所彰示的「先天易學」
及「歷史哲學」，進行理論意義之辨析外，對其思想之基礎「觀物」，以及歷
來學者對康節的批評意見二者，也都有相應於論文主題的討論。本章擬歸納
研討所得之要點，並略附筆者淺見，以爲全文之終結：

　　其一，關於「觀物」：

　　康節之「先天易學」及「歷史哲學」，皆由「觀物」之奠基而開展。在「觀
物」中，康節包攬萬有，論述最高之形上根源、宇宙生成變化之律則，並藉
由對一切存有者的歸類，進行存有層級的互比定位，從而說明「人爲萬物之
靈」以及「天人合一」的理念。於「觀物」思想中，康節對「道」、「氣」、「陰
陽」、「心」、「性」、「命」、「理」等諸多哲學範疇的論述，從學術流變的角度
來看，其於「理學」的發展，實有開疆定宇、承先啓後之功。復次，康節「觀
物」思想能兼重「德性之知」與「聞見之知」，此與當時道德氣味過於濃厚的
其他儒者相較，其思考的涵蓋面，無疑是更廣闊而周全的。

　　其二，關於「先天易學」：

　　康節之「先天易學」，係藉由易學之符號與形式，呈顯經由「觀物」所得
之形上思維。其以「太極」代言最高之形上根源，並以陰陽爻之易學符號的
交疊與分化，說明宇宙生成變化的「對立互根」律則。此易學系統中所述之
「卦序」結構，即在說明宇宙的生成過程，是由一衍萬，由單純到複雜的；
而「卦位」結構，即在說明時空的流轉與對待，係爲對立面的相互轉化，因
而是循環往復的生生不息。康節並認爲，此「先天易學」的結構意義，除具
形上之意涵外，人心之認識法則，亦與其相應。故以此易學之結構爲詮釋系

統，設定事物間之類比關係，從而取得與實然世界之對應。本文在辨析並探討其理論意義後，必須指出，此易學系統寓有高度的哲學意涵，且具無可言喻的啓發性，在在值得吾人給予正面的評價，以及更深入的研究。

其三，關於「歷史哲學」：

康節從形上思考的向度來詮解歷史的發展，遂成其「歷史哲學」。其以「元、會、運、世」的時間結構，取得與實然歷史之干支紀年的對應，並用「皇、帝、王、伯」的治亂類型，判定各代政治的良窳。由於康節設定「先天易學」之卦爻結構以「陽盛爲治，陰盛爲亂」之類比意義，遂可由其易學系統中之「卦位」圓圖見出人類歷史的活動過程，乃爲治亂相互轉移的態勢。復次，站在傳統思想中「德治」的立場，康節將「五帝」中的「唐堯」之時代，對應於「陽盛之極」的卦位，以其爲歷史文明的巔峰，自茲而降，歷史演進的大勢遂爲由盛而衰；然而，由於在不同層級的時間週期中，仍是陰陽交迭，互爲推移，是故唐堯以後的歷史發展，也是時有盛衰。康節除就「先天易學」結構的層級疊變，詮解史實的治亂消長外，更積極指出人對歷史的影響力。由於肯認「人可代天」的「天人合一」之理念，其設定道德精神的高低類比於陰陽氣的消長，進而提出「權變應時」及「重人倫教化」的政治指導原則，若能循此而行，則唐堯之盛世仍可復見。是康節之「歷史哲學」，透顯其「經世」之志，實具有正面、積極之意義。

其四，關於「批評與討論」：

對於康節的「先天易學」及其「歷史哲學」，歷代學者提出許多負面的批評，致使康節之學術地位，及其思想價值，受到嚴重的質疑，同時也影響多數學者研究其學術思想的意願。本文援引相關的理論辨析，將批評意見分類檢視，發現批評者：或因執著於本位主義，或因探討過於表面，並不能對康節的學說思想，有相應的理解，在學術探討上，失去批判者應有的客觀性，是以此等負面評價，並不能眞正成立，同時，也值得吾人引爲借鑑。對於任何事物的認知，康節曾指出：

> 以物觀物，性也；以我觀物，情也。性公而明，情偏而暗。（〈觀物外篇〉下）

又云：

> 任我則情，情則蔽，蔽則昏矣。因物則性，性則神，神則明矣。（同上）

以爲要獲得公平客觀的認識，只有「無我」的「以物觀物」才能做到。吾人如欲對康節之思想有相應的了解與合理的批判，自當「以康節觀康節」，本文即以此作爲研究之態度，循著康節本身的思考向度，對其「先天易學」之「歷史哲學」，進行理論意義的解析。惟限於學養不足，復因撰寫時間倉促，是以未能盡窺其思想堂奧，往後如有機會，必將再做探討，以期有更深入之研究成果。

參考書目

一、邵雍著作及清前之研究

1. 《皇極經世書》，邵雍撰，臺灣商務（四庫全書）。
2. 《漁樵問對》，邵雍撰，藝文印書館（百部叢書集成）。
3. 《伊川擊壤集》，邵雍撰，新文豐（叢書集成續編）。
4. 《邵子全書》，邵雍撰，徐必達刊刻，國立中央圖書館善本室藏（微捲）。
5. 《皇極經世書緒言》，邵雍撰，黃畿洲註釋，劉斯組述，臺灣中華，民國七十一年四月臺三版。
6. 《易學辨惑》，邵伯溫撰，臺灣商務（四庫全書）。
7. 《皇極經世索隱》，張行成撰，臺灣商務（四庫全書）。
8. 《皇極經世觀物外篇衍義》，張行成撰，臺灣商務（四庫全書）。
9. 《易通變》，張行成撰，臺灣商務（四庫全書）。
10. 《易學》，王湜撰，臺灣商務（四庫全書）。
11. 《觀物篇解》，祝泌撰，臺灣商務（四庫全書）。
12. 《皇極經世觀物外篇釋義》，余本撰，新文豐（叢書集成續編）。
13. 《皇極經世書解》，王植撰，臺灣商務（四庫全書）。
14. 《皇極經世心易發微》，楊體仁撰，新文豐（叢書集成續編）。

二、民國後研究邵雍之專著

1. 《邵子易學》，吳康著，臺灣商務，民國六十九年十一月臺三版。
2. 《邵康節觀物內篇的研究——天人合一理念的探索》，趙玲玲撰，嘉新水泥，民國六十二年四月初版。

3. 《康節先天易學平議》，蔡德安撰，龍泉，民國六十二年六月初版。

4. 《邵康節學記》，陳郁夫撰，天華，民國六十八年九月初版。

三、易類之疏解與著作

1. 《周易正義》，王弼、韓康伯注，藝文印書館（十三經注疏），民國七十八年一月十一版。

2. 《原本周易本義》，朱熹撰，臺灣商務（四庫全書）。

3. 《周易今註今譯》，南懷瑾、徐芹庭註譯，臺灣商務，民國七十九年九月修訂六版。

4. 《周易參同契考異》，朱熹撰，新文豐（叢書集成新編）。

5. 《易學啓蒙》，朱熹撰，廣學社，民國六十四年版。

6. 《文公易說》，朱鑑編，臺灣大通（通志堂經解）。

7. 《漢上易傳》，朱震撰，臺灣商務（四庫全書）。

8. 《易外別傳》，俞琰述，新文豐（正統道藏）。

9. 《易圖明辨》，胡渭撰，臺灣商務（四庫全書）。

10. 《易學象數論》，黃宗羲撰，臺灣商務（四庫全書）。

11. 《圖學辨惑》，黃宗炎撰，臺灣商務（四庫全書）。

12. 《易學五書》，王震撰，華正，民國六十三年台一版。

13. 《易數概要》，黃家騁著，皇極，民國六十七年四月版。

14. 《易傳之形成及其思想》，戴璉璋著，文津，民國七十八年月台初版。

15. 《河圖洛書解析》，孫國中主編，學苑，一九九○年五月第一版。

16. 《易學拾遺》，李周龍著，文津，民國八十一年三月初版。

17. 《先秦易學史》，高懷民著，作者自印，民國七十九年六月三版。

18. 《兩漢易學史》，高懷民著，中國學術著作獎助委員會，民國五九年版。

19. 《易學哲學史（上）、（中）》，朱伯崑著，一九八八年一月初版。

四、經學類之著作

1. 《周易今註今譯》，南懷瑾、徐芹庭註譯，臺灣商務，民國七十九年九月修訂六版。

2. 《尚書正義》，孔安國傳，孔穎達疏，藝文印書館（十三經注疏），民國七十八年一月十一日版。

3. 《禮記正義》，鄭玄注，孔穎達正義，藝文印書館（十三經注疏），民國七十八年一月十一日版。

4. 《春秋左傳正義》，杜預注，孔穎達正義，藝文印書館（十三經注疏），民

國七十八年一月十一日版。

5. 《孔子注疏》，趙歧注，孫奭疏，藝文印書館（十三經注疏），民國七十八年一月十一日版。

6. 《高明經學論叢》，高明著，黎明，民國七十五年九月三版。

五、一般思想類論著

1. 《新譯老子讀本》，余培林註譯，三民，民國七十八年九月八版。

2. 《新譯莊子讀本》，黃錦鋐註譯，三民，民國七十八年十月九版。

3. 《新譯荀子讀本》，王忠林註譯，三民，民國七十八年六月七版。

4. 《桓子新論》，桓譚撰，孫馮翼輯，新文豐（叢書集成新編）。

5. 《老莊新論》，陳鼓應著，中華，一九九一年四月初版。

6. 《鄒衍遺說考》，王夢鷗著，臺灣商務，民國五十五年三月初版。

7. 《理學類編》，張九韶編，胡思敬校勘，新文豐（叢書集成新編）。

8. 《朱子語類》，黎靖德編，正中，民國五十一年十月台初版。

9. 《朱子大全》，朱熹撰，臺灣中華，民國五十五年三月台一版。

10. 《朱子新學案》，錢穆著，東大，民國七十八年十月三版。

11. 《性理大全書》，胡廣奉敕編，臺灣商務（四庫全書）。

12. 《御纂性理精義》，李光地奉敕編，廣文，民國七十一年八月初版。

13. 《宋元學案》，黃宗羲原著，全祖望補修，新華，一九八六年十二月第一版。

14. 《宋元學案補遺》，王梓材、馮雲濠撰，世界，民國五十一年版。

15. 《宋明理學》，吳康撰，華國，民國四十四年十月初版。

16. 《宋明理學史》，侯外廬主編，人民，一九八四年四月第一版。

17. 《理學概要》，程發軔撰，正中，民國六十年十一月台初版。

18. 《宋明理學》，吳康著，華國，民國四十四年十月初版。

19. 《宋明清理學體系論史》，黃公偉撰，幼獅，民國六十年九月版。

20. 《新儒家哲學十八講》，方東美著，黎明，民國七十八年四月三版。

21. 《中國哲學簡史》，馮友蘭著，藍燈，出版日期不詳。

22. 《中國思想通史》，侯外廬主編，人民，一九五九年十二月第一版。

23. 《中國近世儒學史》，宇野哲人著，馬福辰譯，中國文化大學，民國七十一年版。

24. 《新編中國哲學史（三上）》，勞思光著，三民，民國七十八年十月五版。

25. 《中國學術思想史論叢（五）》，錢穆著，東大，民國七十三年八月版。

六、史學類著作、其他

1. 《新校本宋史并附編三種》，楊家駱主編，鼎文，民國六十九年九月初版。

2. 《河南邵氏聞見前錄》，邵伯溫撰，新文豐（叢書集成新編）。

3. 《河南邵氏聞見後錄》，邵博撰，新文豐（叢書集成新編）。

4. 《中國史學發展史》，尹達主編，天山，出版年月不詳。

5. 《歷史哲學》，華許著，閻子桂譯，幼獅，民國六十五年一月版。

6. 《歷史哲學》，牟宗三著，臺灣學生，民國七十七年八月台七版。

7. 《震川集》，歸有光撰，歸莊編，臺灣商務（四庫全書）。

8. 《宋論》，王夫之著，洪氏，民國七十年十月再版。

9. 《直齋書錄解題》，陳振孫撰，上海古籍，一九八七年十二月一版。

10. 《四庫全書總目提要》，紀昀等撰，臺灣商務（四庫全書）。

11. 《國學概論》，章太炎著，五洲，民國五十八年版。

七、期刊論文（依時間先後序列）

1. 《邵康節先天學新釋》，謝扶雅撰，嶺南學報二卷三期，一九三二年六月。

2. 《邵康節的無可主張》，程兆熊撰，人生十卷六期，民國四十四年八月。

3. 《易先後天卦位合言及遞用例証》，黃永武撰，學粹五卷五期，一九六三年八月。

4. 《邵康節的哲學思想》，黃蘊中撰，自由青年三九卷六期，民國五十七年三月。

5. 《邵康節觀物內篇的研究——天人合一理念的探索》，趙玲玲撰，私立輔仁大學哲學研究所碩士論文，民國五十九年。

6. 《邵雍（康節學說概觀）》，黃公偉撰，中原文獻九卷六期，民國六十六年六月。

7. 《邵康節的認識論》，羅光撰，哲學與文化四卷十一期，民國六十六年十一月。

8. 《北宋儒學的豪傑邵康節》，黃明撰，中央月刊十卷十一期，民國六十七年六月。

9. 《皇極經世研究心得》，孔日昌撰，中華易學一卷五期，一九八〇年七月。

10. 《皇極經世值年的商討》，林燕昌撰，中華易學一卷九期，一九八〇年十一月。

11. 《通論先天八卦橫、圓二圖》，黃天松撰，中華易學一卷十期，一九八〇年十二月。

12. 《皇極經世值年自答》，金立國撰，中華易學一卷十一期，一九八一年一月。

13. 《皇極經世大運卦之推演》，林喬生撰，中華易學一卷十一期，一九八一年一月。

14. 《萊布尼茲哲學體系初探》，陳修齋撰，哲學研究，一九八一年一期。

15. 《論邵雍的哲學思想》，劉蔚華撰，中國哲學史研究，一九八二年三期。

16. 《周易十翼與周易本易九圖（上）》，李周龍撰，孔孟學報第四十五期，民國七十二年四月。

17. 《周易十翼與周易本義九圖（下）》，李周龍撰，孔孟學報第四十六期，民國七十二年九月。

18. 《先天圖與二進制巧合的秘密》，施忠連撰，哲學研究，一九八五年二期。

19. 《評邵雍的《擊壤集》》，王士博撰，吉林大學社會科學學報，一九八五年四期。

20. 《對《先天圖與二進制巧合的秘密》一文質疑》，傅壽宗撰，哲學研究，一九八五年十期。

21. 《精研先天易圖數的邵康節》，袁金書撰，中華易學八卷一期，一九八七年三月。

22. 《宋象數易學研究》，劉瀚平撰，國立政治大學中國文學研究所博士論文，民國七十七年。

23. 《邵雍《皇極經世》中的宇宙圖式》，冒懷辛撰，紀念顧頡剛學術論文集上冊巴蜀書社，一九九〇年。

24. 《邵雍象數學新探》，吳乃恭撰，吉林大學社會科學學報，一九九一年三期。

25. 《邵雍先天易學之哲學意義》，裘正撰，政大哲學二十二期，民國八十年六月。

26. 《邵雍先天易論史述評》，高懷民撰，國立政治大學學報六十三期，民國八十年九月。

27. 《易圖研究（38）》，徐芹庭撰，中華易學十三卷八期，民國八十一年十月。

28. 《易圖研究（39）》，徐芹庭撰，中華易學十三卷九期，民國八十一年十一月。

29. 《易圖研究（40）》，徐芹庭撰，中華易學十三卷十期，民國八十一年十二月。

30. 《先天卦序乃卦圖所呈之數序論》，鄧華錄撰，中華易學十三卷九期，民國八十一年十一月。

31. 《邵雍先天易演天地之數》，高懷民撰，國立政治大學學報六十六期，民國八十二年三月。

附錄一　四庫全書子部術數類圖書著錄之評議

張新智

摘　要

　　《四庫全書》以經、史、子、集四部分列綱目，本文所將討論者，為子部十四類中的「術數」一類。

　　《四庫全書》的編纂，係由四庫館臣遵照清高宗之旨意而進行，而在博取「稽古右文」美名的立場上，高宗更特別指示「百家近正言方取」，亦即是足以「羽翼群經」，有助於政治教化者，方加以收錄，在這種先入為主的態度上，歷來即不被視為「正統學術」的「術數」類典籍，是否能得到公平、客觀的待遇與評價，是值得懷疑的。

　　本文將從《四庫全書》「術數類」所收錄書籍之範圍，審視館臣對「術數」一詞之界義，並就「著錄」、「存目」原則之分析探究館臣之立場及其判別之標準，並舉例說明其優劣得失，評議之後並略附筆者淺見以為結語。

關鍵字：四庫全書、術數、數術、著錄、存目。

一、前言

　　《四庫全書》以經、史、子、集四部分列綱目，經部分十類，史部分十五類，子部分十四類，集部分五類。〔註1〕本文所將進行討論者，為子部十四類中的「術數」一類。

　　按清高宗於《四庫全書》開館之初，曾頒令說：

　　　前經降旨，博采遺編，彙為四庫全書，用昭石渠美備，並以嘉惠藝
　　　林。……所有進到各遺書，並交總裁等，同永樂大典內現有各種，
　　　詳加校勘，分別刊抄。擇其中罕見之書，有益於世道人心者，壽之
　　　梨棗，以廣流傳，餘則選派謄錄，彙繕成編，陳之府冊；其佫淺訛
　　　謬者，止存書目，彙入總目，以彰右文之盛。〔註2〕

《四庫全書》的修纂立場，大抵從此段文字中可以概略得知。《四庫全書》「凡例」云：

　　　是書卷帙浩博，為亙古所無，然每進一編，必經親覽；宏綱巨目，
　　　悉稟天裁。〔註3〕

館臣即遵照清高宗之旨意，而對當時所能掌握到的古代圖書資料，權為去取，終而有「著錄」、「存目」之區分，在博求「稽古右文」的美名立場上，清高宗更特別指示「百家近正言方取」，亦即是足以「羽翼群經」、「增廣見聞」，有助於政治教化者，方加以收錄，在這種先入為主的態度上，歷來即不被視為「正統學術」範疇的「術數」類典籍，所得到的待遇到底如何？其公平、客觀性實在值得懷疑。

　　本篇將從《四庫全書》「術數類」所收錄書籍之範圍，討論館臣對「術數」一詞意涵之界定，並就「著錄」、「存目」原則之分析探究館臣之立場，觀其判別之標準，並舉例說明其優劣得失，評議之後並略附筆者淺見以為結語。

二、術數類之內容及著錄，存目原則之分析

　　《四庫全書》「術數」一類之內容，依其〈提要〉之敘說，乃指「易之支派」也，其云：

〔註1〕　紀昀等奉敕編，《四庫全書總目》（台北，藝文印書館印行，民國63年10月
　　　　　影印四版）卷首，第一冊，頁37。
〔註2〕　王重民編，《辦理四庫全書檔案》（北平，北平圖書館，民國23年出版）上冊，
　　　　　頁16。
〔註3〕　《四庫全書總目》，前引書，卷首凡例。

　　術數之興，多在秦漢以後，要其旨不出乎陰陽五行生剋制化，實皆
　　易之支派，傅以雜說耳。〔註4〕

由於係屬「易」之「支派」而「傅以雜說」，故不得入於「易」之屬類，而別
出一格，總稱「術數」。所收錄之圖書資料，又續分為七個屬別，此處附錄其
類目及著錄之部數、卷數以資參考：

類　目	部　數	卷　數
1. 數學	一六	四四七
2. 占候	二	一三五
3. 相宅相墓	八	一七
4. 占卜	五	三七
5. 命書相書	一四	五三
6. 陰陽五行	五	五五
7. 雜技術。	（無著錄，但有存目者）	

　　至於此類書籍著錄之原則，存目之詳因，〈提要〉之敘說明言之云：
　　中惟數學一家為易外別傳，不切事而猶近理，其餘則百偽一真，遞
　　相煽動，必謂古無是說，亦無是理，固儒者之迂談；必謂今之術數，
　　能得其傳，亦世俗之惑志，徒以冀福畏禍，今古同情，趨避之念一
　　萌，方技者流，各乘其隙以中之，故悠謬之談，彌變彌夥耳，然眾
　　志所趨，雖聖人有所弗能禁，其可通者存其理，其不可通者，姑存
　　其說可也。〔註5〕

在此類敘中，已籠統的指出存錄與否的大體原則，館臣之立場，態度也可略
知其梗概，茲再從其著錄、存目二類之提要中，分析其甄別之原則，並各舉
實例以明之。

（一）著錄之原則

（1）示門戶

〔太元本旨九卷〕明葉子奇撰

　　〈提要〉云：「然元文艱澀，子奇能循文闡發，使讀者易明，亦有一節之
　　　　　　　可取，數百年來註是書者寥寥，存以備一家可也。」

〔註 4〕《四庫全書總目》，前引書，卷一百八，子部十八，術數類一。
〔註 5〕同前註。

（2）遵流傳

〔元包五卷附元包數總義二卷〕北周衛元嵩撰／唐蘇源明傳／李江註／宋韋漢卿釋音／其總義二卷則張行成所補撰也

〈提要〉云：「今術數家從無用以占卜者，徒以流傳既久，姑錄存之。」

（3）存珍本

〔易通變四十卷〕宋張行成撰

〈提要〉云：「此本流傳甚少，外閒僅有宋刻本及明費宏家鈔本，今以永樂大典所載參互勘校，錄而存之，以備數術之一家。」

（4）正俗刻

〔皇極經世觀物外篇衍義九卷〕宋張行成撰

〈提要〉云：「賴行成此書亦可正俗刻之偽。」

（5）重實用

〔觀物篇解五卷附皇極經世解起數訣一卷〕宋祝泌撰

〈提要〉云：「蓋其學雖宗康節而亦自別有所得，故其例頗與經世書不符而其推占亦往往著驗，方技之家各挾一術，邵子不必盡用易，泌亦不必盡用邵子，無庸以異同疑也。」

（6）溯本源

〔洪範皇極內篇五卷〕宋蔡沈撰

〈提要〉云：「既有其末，不可不著其本，故錄而存之。」

（7）資考證

〔靈臺祕苑十五卷〕北周太史中大夫新野庾季才原撰而宋人所重修也

〈提要〉云：「大凡存為考證之資，亦無不可也。」

（8）取見解

〔天原發微五卷〕宋鮑雲龍撰

〈提要〉云：「其中或泛濫象數，多取揚雄舊說，不免稍近於雜，要其條縷分明，於數學亦可云貫通矣。」

（9）辨其質

〔京氏易傳三卷〕漢京房撰／吳陸績註

〈提要〉云：「其書雖以易傳為名而絕不釋經文，亦絕不附合易義。」

（10）供參酌

〔珞珞子三命消息賦註二卷〕不著撰人

〈提要〉云：「其說往往以命理附合易理，似不及徐子平註爲明白切實，然如所列王廷光推演命限一條頗爲精確，曇塋自論孤虛一條亦有可採擇，與徐氏之書竝行亦可謂驂之靳矣。」

（二）存目之原因

《四庫全書》存目書，係僅存著作之名，並附簡明提要，附錄於《四庫全書總目》中，以備後人查考而知悉有此著作而已，實與未收錄之書無什差別。《四庫全書總目》之「凡例」中，可以約略見出館臣歸判「存目」之書的立場：

> 其有言非立訓，義或違經，則附載其名，兼匡厥謬。至於尋常著錄，
> 未越群流，雖各譽之咸無，要流傳已久，準諸家著述之例，亦並存
> 其目，以備考核。」〔註6〕

此處所揭櫫之原則仍嫌含混籠統，茲就「術數類」存目書之提要文中，予以綜合歸納，條分縷析其詳細原因，以彰示「存目」之書之所以見棄於《四庫全書》的緣由。

（1）無所發明

〔皇極經世書類要九卷〕宋鍾過撰

〈提要〉云：「此書捃拾排纂，初無所發明，更不及行成之索隱矣。」

（2）穿鑿附會

〔易十三傳十三卷〕不著撰人

〈提要〉云：「論多穿鑿，其於歷代事蹟亦皆附會。」

（3）支離

〔太微經二十卷〕明文翔鳳撰

〈提要〉云：「聖人所不言而術數家必強言之，其支離轇轕也。」

（4）偽本

〔東方朔占書三卷〕不著撰人

〈提要〉云：「此又偽本中之偽本也。」

（5）臆測

〔演極圖說四卷〕清秦錫淳撰

〔註 6〕同註3。

〈提要〉云：「大抵皆以意見推測也。」

（6）不經、誕謬

〔河圖發微〕明陳士槐撰

〈提要〉云：「尤不經之甚矣。」

（7）剿襲

〔葬經一卷〕題云青烏先生葬經

〈提要〉云：「蓋作偽者獵取璞書以自證而又稍易其文以泯剿襲之跡耳。」

（8）膚淺

〔玉尺經四卷〕舊本題元劉秉忠撰

〈提要〉云：「詞雖瀾翻，意實膚淺。」

（9）脫舛

〔星平會海十卷〕不著撰人

〈提要〉云：「且印行既久，模糊舛誤，幾不可句讀，在坊本中，又出星平大成之下矣。」

（10）不更複錄

〔六壬心鏡要三卷後集一卷〕宋徐道符撰

〈提要〉云：「今已全數入六壬大全中，故不更複錄而特存其目於此。」

從以上的分析歸納中，可以發現，「術數」一類圖書的「著錄」抑或「存目」的甄別原則，確然相應於清高宗以「罕見」、「有益於世道人心」則「壽之棗梨，以廣流傳」，「其俚俗淺謬者，止存書目」的聖意。然而，這些因「俚俗淺謬」而見棄於館臣的圖書，〈提要〉但以「不經、誕謬、膚淺……」評詆，而未有詳細之說明，以此類書籍至今多已不存，則〈提要〉之語究為得實，或僅止於主觀偏見，吾人亦已無法客觀檢證了。

三、術數類評議

由於《四庫全書》子部「術數類」中所收錄的圖書資料，一般說來並不至於涉及「夷夏之防」、「大義之辨」等具有高度政治敏感性的疑慮文字，因而自然也少有如經部「春秋類」、史部「奏議類」等迭遭館臣刪削、改易的情況發生，所以吾人探討「術數」一類之缺失時，或可略過此類問題。此外，關於該類圖書資料之版本、源流等考證上的錯誤、失漏，也已有胡玉縉《四庫提要補正》、余嘉錫《四庫提要辨證》等專著的匡謬補缺，故此等問題亦非

本文所將討論的對象，筆者淺見以爲，《四庫全書》「術數類」最值得商榷的
地方，乃在於館臣對「術數」之範疇的界義，以及對待的態度與擇取的立場
兩方面。以下將循此二端以公論之。

（一）館臣界定「術數類」範疇之評議

按「術數」一辭，或作「數術」。「數術」在目錄學上，最早出現於漢之
劉歆《七略》，該書早經亡佚，〈漢志〉承其遺規，故其詳目仍可略考而得。《七
略‧數術略》雖未曾有明確之界義，然而吾人可就其所收錄之內容一探究竟。
其細目爲：「天文、曆譜、五行、蓍龜、雜占、形法」故吾人知其〈數術略〉
也者，係總括此六種以占涉吉凶之技術而爲言，而《四庫全書》「術數類」敍
說亦云：「徒以冀福畏禍，今古同情，趨避之念一萌，方技者流，各乘其隙以
中之。」確言其「術數類」中，除「數學」一家，爲「易外別傳，不切事而
猶近理」而外，餘之「占候、相宅相墓、占卜、命書相書、陰陽五行、雜技
術」，亦同乎《七略‧數術略》所收錄者，係以趨吉避凶爲前提所發展出來的
種種「術」。由此觀來，《四庫全書》「術數」一詞之界義，大抵同於古來「數
術」一詞之所指，略有別異者，乃在《四庫全書》「術數類」中，別又統攝所
謂「數學」云者，而總括之爲：「實皆易之支派」，以此併爲一類，似有其理，
實則不然。

按，四庫館臣於「數學」之界義爲：

物生有象，象生有數，乘除推闡，務究造化之源者，是爲數學。……

爲易外別傳，不切事而猶近理。〔註7〕

顯然不同於餘等「趨吉避凶」之技術，而館臣括之入「術數」一類，且將「擬
易」之作皆歸之所屬，其最著者如揚雄之《太玄》、司馬光之《潛虛》以及邵
雍之《皇極經世》，此三書之內容，均非「冀福畏禍」而爲之，是乃「務窮造
化之源者」，其哲學價值甚高，而館臣目其爲「數學」，遂錄入「術數」一類，
後人不明所以，未能詳細辨分館臣自爲之界義，而乃以尋常觀念之「數術」
意涵以看待收錄於其中之著作，是揚雄等人「擬易」之哲學著作，不期卻與
講求吉凶之實際技術同列一類，如此一來，不僅學術眞象被扭曲，一般的讀
者也將被誤導，這豈是當時的四庫館臣所逆料得到的呢？茲舉列揚雄《太玄》
於歷代之著錄爲例以見之：

〔註7〕同註4。

《漢書・藝文志》諸子略儒家

《隋書・經籍志》儒家

《舊唐書・經籍志》儒家

《新唐書・藝文志》儒家

《通志略》擬易

《遂初堂書目》儒家類

《崇文總目》儒家

《宋史・藝文志》儒家

《授經圖》擬易

《續文獻通考・經籍考》儒家

……

揚雄《太玄》在《四庫全書》收入「術數類」之「數學」之屬以前，各家目錄多入於「儒家」一類，或作「擬易」之屬，絕無入「術數」（「數術」）者。筆者以爲，四庫館臣總括「擬易」之作，而特命名爲「數學」，固有其理，惟實不宜入於「術數」一類，以其學術本質，實不類殊甚，合而爲一，徒滋疑誤耳！

（二）館臣擇取「術數類」書籍之態度評議

四庫館臣在去取圖書資料的態度、立場上，是受到清高宗個人學術觀念的強烈影響的。清高宗向來重視「闡明性理，潛心正學」之書籍，又曾昭示：

> 予蒐羅四庫之書，非徒博右文之名，蓋如張子所云：「爲天地立心，
> 爲生民立道，爲往聖繼絕學，爲萬世開太平。」肯於是乎繫。〔註8〕

足見其纂修全書的終極目的，乃在賡續聖賢的道統，端正學術思想，而館臣對此的回應，則是「嚴爲去取」，「凡例」云：

> 古來有是一家，即應立一類，作者有是一體，即應備是一格，斯
> 協於全書之名。……並蒙皇上指示，命從屛斥，仰見大聖人敦崇風
> 教，釐正典籍之至意，是以編輯雖富，而謹繩墨，去取不敢不嚴。
>
> 〔註9〕

在這種崇經尊儒，已有所側重的立場上，對於向來被視爲末流小技的「術數」

〔註8〕《大清高宗純皇帝實錄》（臺北，華聯出版社，民國53年影印）卷九六八，
　　　　第二〇冊，頁1420。
〔註9〕同註3。

之學，必然不能客觀地予以存取採擇。「凡例」即明白的表示：

> 九流自七略以來，即已著錄。然方技家遞相增益，篇帙日繁，往往
> 僞妄荒唐，不可究詰，抑或卑瑣微末，不足編摩。今但就四庫所儲，
> 擇其稍古而近理者，各爲數種，以見彼法之梗概。其所未備，不復
> 搜求。蓋聖朝編錄遺文，以闡聖學，明王道者爲主，不以百氏雜學
> 爲重也。〔註10〕

對於非關「聖學」、「王道」的「百氏雜學」，館臣是不會多所留意的，所以「其所未備，不復搜求。」就「術數」一類而言，古來史志所載錄者不知凡幾，此外，民間流行及術家秘傳者尤夥，然四庫館臣並無意於此。余嘉錫《四庫提要辨證》曾慨歎云：

> 蓋考證家不喜觀術數書，瞽史之流又不知學術，宜無有能言其源流
> 者矣。〔註11〕

余氏此言雖是針對「術數類」圖書資料之源流少有能言者而論，但也一語道破「正統學術」與「數術」（「術數」）之間，有道難以跨越的鴻溝，館臣既放不下身段去虛心並深入地探討「術數」，則無怪乎《四庫全書》「術數類」所表現出來的成績，實在有限了。〔註12〕

四、結論

《四庫全書》匯萃我國古代重要典籍於一堂，向爲士林所珍，其所網羅的數千種歷化重要圖書資料，已成爲研治我國古代學術、文化的重要參考資料。便以本文探究之「術數類」爲例，其分目之細密（分爲七小類），乃前之著錄所未曾見，而〈提要〉之作，尤逮學者津梁，存目、著錄之分，尤其見去取有則，此皆《四庫全書》「術數類」顯而易見之優點，其間雖有如本文所提出之對其界義分類，態度立場二點的議評，然總括而言，仍是瑕不掩瑜。本文之末，謹提出兩點建言，以作結論，並資有心整理《四庫全書》者之參考。

〔註10〕同註3。
〔註11〕余嘉錫《四庫提要辨證》，第三冊，頁557。
〔註12〕例如：至今爲術家所重的宋辜託長老《入地眼》、相傳爲朱熹化名所註的《雪心賦》，乃堪輿學通論「巒頭」之重要著作，清初蔣大鴻之《天元五歌》，更是至今尚流行不墜的「三元玄空」此「理氣」一支的經典要籍，而在《四庫全書》，均無著錄或存目，便可見出館臣對「術數」一類之圖書，在採擇態度上，說來是不夠「積極」的，職是，《四庫全書》之名，恐怕也要打點折扣。

1. 調查現存「術數類」圖書概況，其中不為四庫所收者，由專家學者，評騭其學術價值，凡值得收錄的，彙編目錄，載明收藏處所及作者，做為四庫補編工作的準備。

2. 學術界與民間「術數」人士消弭對立態勢，捐棄成見，互相交流，發掘「術數」之學理價值，並給予此學以客觀、適切之定位，則能裨補四庫館臣所未竟之功。

附錄二　試論《易傳》對邵雍形上思維的影響

　　邵雍，字堯夫，生於宋真宗祥符四年（西元 1011 年），卒於宋神宗熙寧十年（西元 1077 年），享年六十七歲，世稱康節先生。因其早歲曾讀書於河南共城（今輝縣）西北百源一地，故後人亦以「百源」稱其學派。

　　康節為著名的理學家，列於北宋五子之一，其學術思想之根基在易學，乃屬象數一派，然而在本質上，與兩漢之「象數易」乃迥然別異，自為一家，號稱「先天學」。傳世著作略有《皇極經世》（分《觀物內篇》及《觀物外篇》）、《伊川擊壤集》（簡稱《擊壤集》）、《漁樵問對》三種。

　　康節「先天易學」以「先天」一詞冠首，係授引自《易傳》之「先天而天弗違，後天而奉天時。」（《文言》釋乾卦九五爻辭），而另賦新意，如其云：

> 先天之學，心也；後天之學，迹也。（《觀物外篇》下）

《擊壤集》中，以《先天吟》為題，而發諸吟詠之詩尤其屢見：

> 先天天弗違，後天奉天時。弗違無時虧，奉時有時疲。（《擊壤集》卷十六）
>
> 若問先天一字無，後天方要著功夫。（《擊壤集》卷十七）
>
> 先天事業有誰為，為者如何告者誰，若謂先天言可告，君臣父子外何歸。（《擊壤集》卷十九）

然除此「先天」一詞而外，其先天易學之哲學意涵，亦每有徵諸《易傳》而自為發明者。以康節易學相關乎《易傳》處既多且廣，是故本文擬就形上思惟部份，析論《易傳》對先天易學的啟發。

一、易高形上根源的描述──「道」與「太極」

《易傳》言及「道」之概念，云：

> 是故形而上者謂之道，形而下者謂之器。(《繫辭》上)

康節以「道」爲天地萬物的本源：

> 天由道而生，地由道而成，物由道而形，人由道而行。天地人物則
> 異矣。其於道一也。(《觀物內篇》之九)

又謂：

> 是知道爲天地之本，天地爲萬物之本；以天地觀萬物，則萬物爲萬
> 物，以道觀天地，則天地亦爲萬物。(《觀物內篇》之三)

康節以天地萬物，皆「道」之下貫，以天地萬物自作互比，則有存有層級之分，而言乎「天地」、「萬物」；然而總此「道」之下貫而言，則但謂「萬物而已」。此一最高形上根源，康節又名之爲「太極」，云：

> 道爲太極。(《觀物外篇》上)

> 太極，道之極也。(《觀物外篇》下)

「太極」一辭，當引自《易傳》：

> 是故易有太極，是生兩儀，兩儀生四象，四象生八卦，八卦定吉凶，
> 吉凶生大業。(《繫辭》上)

《繫辭》「太極」一辭，原是用來解釋筮法，乃指大衍之數奇偶未分的狀態，然而康節以揲蓍成卦的過程，類比宇宙生成的過程，故賦於「太極」最高形上根源的意涵，即等同於「道」。對於此形上根源生發天地萬物作用的玄妙難測，乃以「神」況擬之：

> 道與一，神之強名也，以神爲神者，至言也。(《觀物外篇》下)

此即《易傳》所謂：

> 陰陽不測之謂神。(《繫辭》上)

> 蓍之德圓而神。(仝上)

「神」意指「道」或「太極」不可認知的超越性。

二、宇宙生成規律的歸納──「陰陽」對立與互根

「道」，即最高形上根源，其作用而爲吾人所能認知者，康節以「氣」言之，云：

> 氣變而形化，形可分而神不可分。(《觀物外篇》上)

然而「氣」之具體內涵又爲何？康節以「陰陽」釋之：

> 本一氣也。生則爲陽，消則爲陰，故二者一而已矣。（仝上）

此即《易傳》所謂：

> 一陰一陽之謂道。（《繫辭》上）

且《雜卦》與《序卦》中對卦的互根及相推移的詮解，更對「先天易學」啓發深遠。《雜卦》指出，六十四卦乃三十二個對立面所組成；《序卦》則提出因果的相推移以解釋卦之關係。這種對立互根的律則，可總括爲「陰陽」辯證的邏輯性。「陰陽」在康節學說中的指涉意涵，在其論證時，乃統攝一切相對立且又互根的概念詞組，而成爲其思辨之最大範疇，並用之以對一切存有之說明。康節反復申言「陰陽」律則的對立與互根性。言其對立義，則云：

> 陽能知而陰不能知，陽能見而陰不能見也。能知能見者爲有，故陽性有而陰性無也。陽有所不徧，而陰無所不徧也。陽有去而陰常居也。無不徧而常居者爲實，故陽體虛而陰體實也。（《觀物外篇》上）

言其互根義，則云：

> 陽得陰而生，陰得陽而成。（仝上）

> 陽不能獨立，必得陰而後立，故陽以陰爲基。陰不能自見，必待陽而後見，故陰以陽爲唱。（仝上）

由於「陰陽」律則兼包對立與互根，而具普遍意義，故得以用來詮解宇宙之萬事萬物，故康節又云：

> 一氣分而陰陽判，得陽之多者爲天，得陰之多者爲地，是故陰陽半而形質具焉；陰陽偏而性情分焉，形質又分，則多陽者爲剛；多陰者爲柔也。性情又分，則多陽者，陽之極也；多陰者，陰之極也。（仝上）

意指萬事萬物的形質、性情，俱由陰陽二氣結合比例的不同而決定；亦即，一切事物自身皆可析離出對立面來。由此可以見出，《易傳》提示的「陰陽」律則，在「先天易學」中的運用，是極其靈活且周普的。

三、易學系統與實然世界的對應——「類」與「類比」

　　完整易學系統的成立，必須符合的要件有二，其一爲系統內部的合理性；其二爲要能與實然世界相對應。康節運用「陰陽」辯證法則以與存有層級相配，已具系統內部合理的邏輯意義。就「先天易學」的結構而言，即指「加一倍法」（大程子語，形容先天易以等比級數的分化過程）的成立，故已符應

於第一項要件。至於與實然世界取得對應之要求，康節乃汲取了《易傳》中「類」的概念，而與其「先天易學」之系統結構配合運用。今觀乎《易傳》言及「類」此一概念處，則有：

> 君子以類族辨物。（《象》）
>
> 方以類聚，物以群分。（《繫辭》上）
>
> 觸類而長之，天下之能事畢矣。（仝上）
>
> 其稱名也小，其取類也大。（《繫辭》下）

「類」屬的具體使用，則為「類比」；即以「類」屬之同者相「比」應，此亦《易傳》所可見者，如：

> 乾為天、為圜、為君、為父，……。（《說卦》）即是以八卦為首，以涵括

其下所屬各「類」，遂亦因而產生「類比」作用。康節運用「類」與「類比」處甚多，如：

> 草類之細入於坤。（《觀物外篇》下）
>
> 鷹雕之類食生，而雞鳧之類不專食生；虎豹之類食生，而貓犬之類
> 食生又食穀；以類推之，從可知矣。（仝上）
>
> 雲有水火土石之異，他類亦然。（仝上）
>
> 水之木，珊瑚之類是也；石之花，鹽硝之類是也。（仝上）

又謂萬物各依其「類」而「應」：

> 發於性則見於情，發於情則見乎色，以類而應也。（仝上）
>
> 海潮者，地之喘息也，所以應月者，從其類也。（仝上）

此種「以類而應」與「從其類」的理念，於《易傳》中亦可尋出淵源，如：

> 同聲相應，同氣相求，水流濕，火就燥；雲從龍，風從虎；聖人作
> 而萬物睹。本乎天者親上，本乎地者親下，則各從其類也。（《文言》
> 釋乾卦九五爻）

是知「類」屬而可為「類比」，而類類各有其應。此概念之作用，不但能避免易學系統淪於掛空玄想，且可從與世界的類比對應中，理出紛然萬物之間的秩序與定位。

總前所論，康節乃以「道」（「太極」）為最高形上根源的指稱，由此下貫，生發一切存有者，存有者間再行互比，遂有存有層級的判然別異，即「先天易學」所顯示的「太極、兩儀、四象、八卦……」此加一倍法的結構，而用來說明存有者間存有層級的縱向互比以高低定位；以及同一存有層級間再行

橫向互比，而產生「類」屬的作用。此處所行之互比乃「陰陽」律則的具現，惟此處所謂存有層級，意指萬物的「生成序列」，當以邏輯意義觀之，而非時間先後之意。康節先以抽象主觀設定的概念詞組，劃分各存有層級中之「類」，再行與實然世界類比對應的聯屬。至是，康節「先天易節」之形上系統得以完整建立。茲引述其論天地萬物之生成一段稍加疏解：

> 天生於動者也，地生於靜者也，一動一靜變，而天地之道盡之矣。動之始則陽生焉，動之極則陰生焉，一陰一陽交而天之用盡之矣。靜之始則柔生焉，靜之極則剛生焉，一剛一柔交，而地之用盡之矣。動之大者謂之太陽，動之小者謂之少陽。靜之大者謂之太陰，靜之小者謂之少陰。太陽爲日，太陰爲月，少陽爲星，少陰爲辰。日、月、星、辰交，而天之體盡之矣。靜之大者謂之太柔，靜之小者謂之少柔。動之大者謂之太剛，動之小者謂之少剛，太柔爲水，太剛爲火，少柔爲土，少剛爲石，水、火、土、石交，而地之體盡之矣。
>
> （《觀物內篇》之一）

（須先說明者爲：此處之「陰陽」詞組，乃爲其學說中，以狹義使用之例。此之「陰陽」與「剛柔」並列，屬同一存有層級，而非統攝全體對立互根概念之廣義使用。）在此段論述中，康節運用數組對舉之詞組來描摹天地之生成；其間，存有層級的依次遞降，繫於「動靜」的轉化發展（就此而言，「動靜」在此之指涉同乎廣義之「陰陽」。）；用以指出對立面中又可分化出對立面，而成等比級數的無限推展。復次，以此各存有層級中，互比而分出「類」屬之別，以便對應於實然世界之具體事物，如：「太陽、少陽、太陰、少陰」與「太柔、少柔、太剛、少剛」，各自類比對應於實然世界的「日、月、星、辰」與「水、火、土、石」。並且，強調「交」的作用，以其具雙向運動之意義，指出各存有層級間，並非獨立自存，而乃錯綜變化，互爲牽連。其立意在於指出，整個宇宙的萬事萬物，乃爲一交感相應的有機整體，看似各自獨立，實則統之於一，皆爲「道」之下貫者。惟物物之間，其存有層級之劃分，乃屬相對性質，旨在說明彼此關係，實可依不同角度以定位。由是此「先天易學」，遂可視爲一詮釋系統，以其縝密之易學結構及類比相應概念之運作，從而吾人得以對天地萬物做適當的解釋；並對其間之相互關係進行合理的說明。以下試引蔡西山據康節文意所繪之《經世衍易圖》以茲參考：

欽定四庫全書　性理大全書卷八

太陽　—
太陰　- -
　　　　　　　陽　—
少陽　—
少陰　- -
　　　　　　　陰　- -
　　　　　　　　　　　　　　動　—
少剛　—
少柔　- -
　　　　　　　剛　—
　　　　　　　　　　　　一動一靜之間
太剛　—
太柔　- -
　　　　　　　柔　- -
　　　　　　　　　　　　　　靜　- -

《經世衍易圖》（《性理大全》引《纂圖指要》）

其中，所謂「一動一靜之間」，即指超乎動靜，且主乎動靜的最高形上根源而言，可以「道」或「太極」名之。此乃康節宇宙生成結構的圖解，以下，茲再引朱伯崑先生仿蔡氏所作之圖，以見結構與世界類比對應的實例：

（引自朱伯崑《易學哲學史》（中））

皇	元	目	性	暑	日	陽	天	太極
帝	會	耳	情	寒	月			
王	世	口	形	晝	星	陰		
霸	運	鼻	體	夜	辰			
易	歲	色	木	雷	石	剛	地	
詩	月	聲	草	露	土			
書	日	氣	飛	風	火	柔		
春秋	辰	味	走	雨	水			

從二圖的相互參照，即可見出康節對宇宙生成的整體認識。而此間透顯的哲學形上思惟，正是本文於前所論析其受《易傳》啓沃的三大概念的組成。

形上學向來是傳統儒家較貧乏的環節，北宋理學的興起，旨在對抗佛、老，理學家們無不致力於形上體系的建構，《易傳》向來被尊為儒門之經典，故其中所蘊含的形上概念成為學者們探奧索源的重要對象。康節尤邃於易，故其所得所創，亦較他家博大精微，然其學亦因此故，不得其傳已久。今日吾人若欲紹述此一幾臨斷滅的「先天易學」，自當由其思想的根源究考究開始。筆者不揣鄙陋，而有斯文之作，疏漏之處，尚祈博雅君子，有以教之。

附錄三 試論黃宗羲易學象數論的得失——以其對納甲及先天圖之評述所作的試探

張新智

一、前言

　　黃宗羲，字太沖，號南雷，學者稱梨洲先生，浙江餘姚（今浙江省餘姚縣）人，生於明萬曆三十八年（公元 1610 年），卒於清康熙三十四年（公元 1695 年），享年八十六歲。

　　梨洲與王夫之、顧炎正並稱清初三大家，對於清代的學術發展，影響深遠。其在《易》學方面的重要著作《易學象數論》一書，不但近啓其弟黃宗炎《圖學辨惑》的撰述，後來胡渭的《易圖明辨》，也是承其餘緒的後出轉精之作。然而，對於梨洲該書的相關研究，今可得見者，唯朱伯崑《易學哲學史》〔註 1〕及廖名春等著《周易研究史》〔註 2〕中，稍有論述。職是，筆者不揣鄙陋，對於《易學象數論》的得失，試提出個人淺見，期有拋磚引玉之效。

〔註 1〕 請參見朱伯崑《易學哲學史》修訂本，臺北，藍燈文化事業股份有限公司，1991 年，第四卷，頁 263～277。

〔註 2〕 請參見廖名春等合著《周易研究史》，長沙，湖南出版社，1991 年，頁 366～370。又，此文註 1 提及：大陸學者王永嘉、陳敦偉合撰有〈易學象數論述評〉一文，刊於《寧波師院學報》社科版，1985 年，第 2 期。惜因兩岸阻絕多年，國家圖書館漢學中心，亦僅收有該期刊 1990 年後出版者，故未詳其說如何，頗爲遺憾。

本文除對該書之著述宗旨及論證方法略作說明之外，並舉其評西漢京房「納甲」及北宋邵雍「先天圖」爲例，用以探究梨洲持論的得失。由於筆者才疏學淺，本文或有疏漏謬誤之處，尚祈先進不吝指正。

二、易學象數論之撰述宗旨與論證方法

在評議《易學象數論》之前，對梨洲撰述的宗旨所在，及其實際運用的論證方法，必須有基本的理解，茲分述如后。

（一）撰述宗旨

梨洲懲於有明一代因政治腐敗，終而亡於異族的慘痛教訓，歸咎於自宋、明以來的蹈虛不實學風，在大力抨擊之外，更積極扭轉導正，畢生倡導經世致用的實學。在經學研究上，以爲首要之務，在廓清後起之說加諸於經典的種種迷障。《易學象數論》一書，便鮮明的呈顯出此一向度。梨洲站在尊重經典原貌的立場，對於九流百家對於《易》學的淆亂，進行了辨正與批判。〈自序〉云：

> 晦庵作《本義》，加之（邵子先天諸圖）於開卷，讀《易》者從之，後世頒之學官，初猶兼《易傳》並行，久而止行《本義》，於是經生學士，信以爲羲文周孔，其道不同，所謂象數者，又語焉而不詳，將夫子韋編三絕者，須求之賣醬箍桶之徒，而易學之榛蕪，蓋仍如京、焦之時矣。〔註3〕

梨洲以爲，朱子由於過度尊信邵子之學，故而列其先天諸圖於《周易本義》卷首，加之官方勢力的推波助瀾，使經生學士，在利祿之途的引誘下，深受誤導，即其所謂「信以爲羲文周孔，其道不同」。爲了破除世人長期以來的積非成是之謬，恢復經典原貌，於是有該書之撰著。梨洲一肩挑起捍衛儒學正統的重責大任，無疑地是帶有深切使命感的。書中對於漢代以降的象數《易》說，逐一疏通辨明，期使學者知其迷誤，更進而能反求《程傳》，象數之學加諸於經典的迷障，或可一掃而空，此即梨洲撰述《易學象數論》之宗旨，《四庫全書總目》云：

> 《易》道廣大，無所不備。自九流百家借之以行其說，而《易》之本意反晦。世儒過視象數，以爲絕學，故爲所欺。今（梨洲）一一疏通之，知其於《易》本了無干涉，而後反求《程傳》，亦廓清之一

〔註3〕參見《四庫全書·經部·易類六·易學象數論六卷》。

端。〔註4〕

以爲由於《易》道廣大悉備，無所不包，致使九流百家，皆可藉由延展性、啓發性甚強之《易》學符號，建構新說，從而掩覆了《易》之本來面目。梨洲對於「世儒過視象數」的偏頗，期期以爲不可，力矯其非。撰述《易學象數論》，旨在疏通種種欺誤。釐清後起象數之說與《易》「本了無干涉」。由此可見出梨洲力求維護《易》學正統的態度，且其立足於「義理《易》」一派的立場，也是顯而易見的。

梨洲既志在矯枉，則所運用之方法的合宜與否，實關乎最後成果的可信度。以下將對其論證方法，進行概略性的說明。

（二）論證方法

關於梨洲所使用之論證方法，朱伯崑指出：

> 關於哲學史的研究，他不僅重視流派的來源和分化，而且尊重史實和史料的考證，不贊成將後人的說法加於前人。……宗羲對象數之學的批評，正是從歷史學家的立場出發的，其方法是考其源流，論證象數之學非《周易》經傳的本來面貌。〔註5〕

事實上，除朱氏所指出「從歷史學家的立場出發」的「考其源流」外，筆者以爲，尚不可忽略梨洲「從經學家的立場」所擅於運用的「以經解（證）經」法，茲分別說明之。

1.「以經解經」法

在復還經文之舊的宗旨下，梨洲經學家的背景，使其服膺於「以經解經」法，且慣常使用。如其論「圖書」（〈河圖〉、〈洛書〉），云：

> 然則欲明「圖書」之義，亦惟求之經文而已。六經之言「圖書」凡四：《書·顧命》曰：「〈河圖〉在東序」，《論語》曰：「河不出〈圖〉」，〈禮運〉曰：「河出〈馬圖〉」，《易》曰：「河出〈圖〉，洛出〈書〉，聖人則之」。由是而求「圖書」之說，從可知矣。（《易學象數論》卷一〈圖書一〉）

梨洲評議「圖書」之學，指出求解之法，「亦惟求之經文而已」（所指陳之經文，皆爲儒家經典），故其臚列了四則經文，作爲論議時之判準，以爲捨之無由「決是非」。如引揚雄語，云：

〔註4〕此序文《四庫全書》本未收，引自汪瑞齡刻本。
〔註5〕同註1，頁264。

揚子曰：「眾言淆亂，則折諸聖經。」經文既如是其明顯，則後儒之
紛紜，徒爲辭費而已矣。」（同上）

《易學象數論》中所探討的諸般議題，在梨洲看來，正是「眾言淆亂」，多所
爭議，以爲惟有訴諸經典的權威，才能得到具公信力的判決。「以經解經」法
的頻於運用，突顯出經學家背景的深遠影響。

2. 「源流考索」法

明經治世之外，梨洲更精研歷史，以治學術史而負盛名。撰有《明儒學
案》、《宋元學案》等鉅著。於撰述學術史所善用的「源流考索」法，亦屢見
於《易學象數論》之論證中。如云：

按漢儒孔安國、劉歆，皆以八卦爲〈河圖〉、〈洪範〉本文爲〈洛書〉；
鄭玄依緯書則云：「〈河圖〉有九篇、〈洛書〉有六篇」。自唐以前，
皆祖其說，無有異同。……歷考諸家，未嘗以此爲〈河圖〉也。……
歷考諸家，皆以爲九宮之數，初未嘗以此爲〈洛〉書也。（卷一〈圖
書二〉）

梨洲論「圖書」，認爲係來源於漢、唐的「九宮說」及「天地之數說」。歷
考漢、唐以來諸家之說，證明宋儒所稱「圖書」云云，實於漢時即有，特
不以此爲名耳；稱名有別，實質內容則無舛異。職是，宋儒「圖書」之學
的根本大爲動搖，因此，梨洲證得宋儒之說爲託附經文、爲穿鑿之論。如
云：

所指既如彼，二數之稱名又如此，兩者判然不相及，至宋而方士牽
強扭合，儒者又從緣飾以爲授受之秘，而漢、唐以來之議論一切抹
煞矣。（同上）

從對史料的完整把握，參詳各家之說，衡諸「圖書」之學的面貌，終於得出
淵源所自。梨洲之所以能合理推翻宋儒「圖書」之說的附會，實得力於「源
流考索」法的得宜運用。

三、對易學象數論的商榷──兼評其得失

漢之京房，宋之邵子（雍），是爲象數《易》學史上舉足輕重的代表性人
物，也正是梨洲《易學象數論》中所要大加撻伐的重要易家。是以本文在評
議該書之得失時，舉梨洲評京房「納甲」及邵子「先天圖」者爲例，提出個
人淺見，期能給予該書以合理之評價。

（一）以其評「納甲」為例的探討

「納甲」係梨洲所痛斥的「僞象」之一，其云：

> 後儒之爲僞象者，納甲也，動爻也，卦變也，先天也。（卷三〈原象〉）

「納甲」之倡始者，爲西漢著名象數《易》家京房，正是梨洲眼中使《易》學流於「方術」的關鍵人物，《四庫全書總目》述云：

> 蓋易至京房、焦延壽而流於方術。〔註6〕

《易學象數論》中，對「納甲」的批判，主要見於卷一〈納甲〉、〈納甲二〉二文。梨洲云：

> 世之言納甲本於《參同契》，然京房積筭已言：「分天地乾坤之象，益之以甲乙壬癸、震巽之象配庚辛、坎離之象配戊己、艮兌之象配丙丁。」是則西漢之前已有之矣。（卷一〈納甲〉）

梨洲首先運用「源流考索」法，證見早在西漢京房時，已有將八卦配以十天干之「納甲」，從而非議世人以之屬於《參同契》的說法。在源流的考訂上，梨洲將「納甲」還諸京房，誠然有廓清之功，然而，與接著所援引的「以經解經」法，就思想層面言，對「納甲」理論意義的了解，二者並無所著力。如云：

> 以方位言之，乾金、坤土、震木、巽木、坎水、離火、艮土、兌金，在〈說卦傳〉可證，今乾納甲壬、坤納乙癸，其爲木耶？水耶？震巽之爲金、坎離之爲土、艮兌之爲火，將安所適從耶？若置之不論，則又無庸於納矣。（同上）

「納甲」之說，實際上包含了納天干與納地支（辰）二者，而以天干之「甲」代言所有干支，故稱之。其納干之法，係以乾、坤二卦各納二干，餘之六卦各納一干。梨洲逕引《易·說卦》所示之八卦方位五行之設定，與「納甲」者比觀，質疑後者乃違逆經文，又云：

> 是故納十日者總以卦，納十二辰者析於爻，卜筮家舍納甲則休咎無以辨矣，然觀其所用五行，惟十二辰而十干無與焉。……不然，乾初爻止當云子爲水，不必配爲甲子，……既配以甲乙，自當用其五行矣。且姑置納日之用不用，甲爲五行之全數，卦爲天地之全數，今以四十八爻而納六十甲，所餘之十二甲將焉置之？豈卦不足以包五行耶？（卷一〈納甲二〉）

〔註6〕同註3。

梨洲除了對「納甲」既兼包干、支（辰），而實際運用於占筮時，卻棄天干不用的作法，表示極大的懷疑外，對八卦只有四十八爻，故未能將干、支的六十種組合盡行配入，也深表不以爲然。

　　事實上，以上的諸般疑惑，是無法援引經典原文爲判準而得以解決的。梨洲一貫使用的「以經解經」以及「源流考索」法，在取得與「納甲」的相應理解上，皆無用武之地，甚至還將引起誤解！

　　這是因爲，京房「納甲」的系統建構，並不是爲解釋《周易》經傳而作，京氏的眞正目的，在於借用卦爻符號，配以干支、五行，基於占筮的實用要求，所創發的一套新《易》學體系。職是，如欲釐清其《易》說，了解系統建構的理據，必先得與之站在同一向度進行思考，才有可能，然而，顯而易見的，限於其立足於「義理《易》」派的立場，梨洲未能如此進行他的辨證與批判，於是，其所提出的評論，是值得商榷的。

　　今筆者試以占筮的實用立場來探究「納甲」的理論意義。

　　「納甲」將天干、地支納於八卦卦爻，係透過類比法則，使卦爻與干支，藉由陰陽的互比性而得以轉換，而得以運用於占筮實務。由於「吉凶悔吝生乎動」，亦即吉凶休咎，繫於動靜之間的互比對待：一卦之中，以動（變）者爲顯，再配合各爻以見其生剋關係，便可與人事吉凶取得連結。是故代爻的地支，其五行屬性自必用於實務；而代卦的天干，於占筮時雖似無所作用，實際上，其於系統中，具有編碼序列的重要意義。因爲，惟有納干於卦，方能表明各爻所納之支不被重複。例如：乾、震二卦所納於各爻之地支完全相同，然而以所納於卦之天干有別，即可明確區分二組地支的不同。可見「納甲」的配干入卦；雖未用其五行意義，然於此系統的合理建構，仍是不可或缺的；看似無用，卻實有大用存焉。

　　準前所述，梨洲引《易·說卦》之五行方位說，欲證明「納甲」納干於卦有誤的批評，恐難以成立。同時，由於納干的作用在代卦，納支的作用在代爻，干支的組合，只要能提供八卦共計四十八爻之所需，便已足夠，而梨洲於此竟有「所餘十二甲將焉置」的質疑，適足證明其於「納甲」的理論意義似無相應的理解。於此可以見出，《易學象數論》一書，由於論證方法上的先天局限，其所提出的某些論議，實有再行仔細求證與檢討的必要。

（二）以其評「先天圖」爲例的探討

　　北宋邵子的先天易學，由於朱子的推介，影響極廣，在梨洲看來，是與

京房的「納甲」同爲淆亂正統易學的「僞象」。《四庫全書總目》述云：

> 又稱王輔嗣注簡當而無浮義，而病朱子添入康節先天之學爲添一
> 障。〔註7〕

《易學象數論》批判邵子者，見於卷一〈先天圖〉、〈先天圖二〉、〈天根月窟〉……
諸篇。如云：

> 必如康節均二卦爲一象：乾、離、坎、坤於四象之方位得矣，兌之
> 爲老陽、震之爲少陰、巽之爲少陽、艮之爲老陰，無乃雜而越乎？
> 《易》言：「陽卦多陰，陰卦多陽」，震、巽之爲陽卦，巽、兌之爲
> 陰卦，可無疑矣，反而置之，明背經文，而學者不以爲非，何也？
> （卷一〈先天圖〉）

此所評議者，乃邵子之「先天橫圖」，亦即朱子《本義》卷首所錄之「伏羲八
卦次序圖」。依圖所示：自太極分化陰陽兩儀，次分爲四象，再分爲八卦，以
八卦分屬四象論，則一象統有二卦，乾、兌爲太陽之象，離、震爲少陰之象，
巽、坎爲少陽之象，艮、坤爲太陰之象。於此，梨洲深以爲非，而乃徵引《易·
繫辭》「陽卦多陰，陰卦多陽」之文予以駁斥，認爲依據經典原意，震、艮二
卦皆爲二陰爻一陽爻，當爲陽卦；巽、兌二卦則爲二陽爻一陰爻，是爲陰卦。
康節之說顯然背於經文，由此可證「先天圖」與《易》本了無干涉。

以上爲梨洲「以經解經」法的實際運用，旨在證明邵子之學對經典原貌
的改易與背離。此外，梨洲的「源流考索」法，也運用在對「先天圖」之流
傳脈絡的辨析上，如云：

> 朱震〈經筵表〉云：「陳摶以『先天圖』傳种放，放傳穆修，修傳李
> 之才，才傳邵雍。」「放以〈河圖〉、〈洛書〉傳李溉、溉傳許堅，堅
> 傳范諤昌、諤昌傳劉牧。」故朱子云：「宓羲四圖，其說皆出邵氏。」
> 然觀劉牧「鉤深索隱圖」：乾與坤數九也，震與巽數九也，坎與離數
> 九也，艮與兌數皆九也。其所謂九數者，天地定位，山澤通氣，雷
> 風相薄，水火不相射，則知「先天圖」之傳，不僅邵氏得之也。（卷
> 一〈先天圖二〉）

梨洲搜羅相關文獻資料，藉著對劉、邵授受源流的把握，並考得其說內涵有
相通之處，遂得致「先天之學，不僅邵氏得之」的結論，以此推翻朱子「宓
羲之圖，其說皆出邵氏」的成說。就此而言，「源流考索」法的得宜運用，誠

〔註 7〕 同註 3。

有助於對宋儒「圖書」、「先天之學」根源問題的廓清，遂能支持梨洲以之為託古附會之說的批判。

然而，「以經解經」證明邵子「先天圖」與《周易》原貌無涉，以及「源流考索」證明「先天圖」學說的學術意義。

以邵子之「先天橫圖」為例，其旨在摘引〈易傳〉「易有太極」章，而賦以新解。在〈易傳〉中，此文之意旨在說明揲蓍求卦的過程，然而邵子以為，卦之生成過程，即可類比於宇宙天地萬物生成過程。卦爻之增生疊變，道出了宇宙生生不息之理。此圖一而二、二而四、四而八的生發律則，當是提示吾人，於各存有層級之各單元中，皆可析出兩個對立面，且此對立面非惟對立，尚且相互依存。〔註8〕由此體現了宇宙生成的陰陽對立互根律則。

與前節所述之京房「納甲」相同的是，邵子的先天之學，亦為一創新的《易》學體系，而非解說《周易》經典的注疏之作。其乃運用《易》學的基本卦爻符號，建構出獨特的圖式與學說，用以表達對宇宙生成律則的看法，實富含高深之哲學思維，值得進一步的探討與發掘。就此而言，梨洲《易學象數論》只憑著較屬表面的認識，便意圖全然否定邵子的學說，其持論的有待商榷，是不容諱言的。

四、結論

《四庫全書總目》評《易學象數論》云：

> 其持論皆有根據，蓋宗義究心象數，故一一洞曉其本末而得其瑕疵。……然其宏綱巨目，辯論精詳，與胡渭《易圖明辨》，均可謂有功《易》道者矣。〔註9〕

館臣所謂「其持論皆有根據」，若衡諸「以經解經」及「源流考索」二法之運用，確屬實情，然而此二者並不能處理較屬內涵性的理論層面，是故就嚴格的學術思想研究要求，有關梨洲《易學象數論》對象數之學的評議，是必須持保留態度，而不能遽予深信的。

吾人平心細審，以梨洲學識之淵博，何以評議象數之學，往往自限於源流與真偽等外圍性問題，而不能深入發掘可能蘊藏其中的思想精義？筆者以為，恐怕得歸咎於梨洲基於深切的衛道使命，意圖矯枉，而失於「過正」了。

〔註8〕略參拙著〈邵康節先天易學之歷史哲學研究〉，國立政治大學中國文學研究所碩士論文，1993年，頁58。

〔註9〕同註3。

本文檢討梨洲《易學象數論》之得失，必須特別指出，授受源流的眞僞或「正統」與否，與學說自身的學術價值，並不等同，是必須分別看待的。梨洲之於前者的努力，誠然值得給予相當之肯定，然而因混淆了二者的分際，導致推論及評議時的有失公允，更是值得吾人引以爲鑑戒的。

附錄四　王船山占學一理說初探

張新智

摘　要

　　船山治《易》，實多特見，本文雖僅以其「占學一理」爲題，然在顧及思想連貫性的考量下，逐有順勢消納他說者。茲從如下三點對船山「占學一理」說進行說解：

　　其一，從「四聖同揆」談「占」與「學」的會通。

　　其二，從「占」與「學」的界義看二者的關係。

　　其三，從「得失吉凶一道」區分君子與小人之用占。

　　又其說得失如何，亦擬由下述二端評議之：

　　其一，強調人的主體性，對儒家「盡人事」說有深刻之闡發。

　　其二，執持道德判準以否定他家易說之價值，值得商榷。

　　本文對此議題之探討，以個人學養及時間所限，容有未盡完善處，或俟來日另撰他文擴充、增補之。

中文關鍵詞：王船山、占易、學易、象數、義理

一、前言

王夫之，字而農，號薑齋，生於明神宗萬曆四十七年，卒於清康熙三十一年，（西元 1619-1692 年）享年七十四歲。學者尊稱爲船山先生。〔註1〕

船山一生著述宏富，遍及四部，而其關於《易》學方面的著述之多，實爲《易》學史上所罕見。專門治《易》之作，便有《周易考異》、《周易稗疏》、《周易外傳》、《周易大象解》、《周易內傳》及《周易內傳發例》等。〔註2〕

對於一生治《易》之成果，船山曾概括爲：

> 大略以乾坤並建爲宗；錯綜合一爲象；象爻一致、四聖一揆爲釋；
> 占學一理、得失吉凶一道爲義；占義不占利，勸戒君子，不瀆告小
> 人爲用。畏文、周、孔子之正訓，闢京房、陳摶、日者、黃冠之圖
> 說爲防。誠知得罪於先儒，而畏聖人之言，不敢以小道俗學異端相
> 亂，則亦患其研之未精、執之未固、辨之未嚴，敢辭罪乎！〔註3〕

在此段綱領式的敘述中，簡要地說明其治《易》的特色。這五條特色，在船山《易》學思想中有著內在理路的連貫性，本文雖僅以「占學一理」說爲題，然而在進行評述時，自無法完全斬斷與其他各說間的關聯，在顧及思想連貫性的考量下，文中每有順勢消納他說者，如顯枝蔓，尚祈見諒。

二、「占學一理」說概述

本文擬從如下三點對船山「占學一理」說進行說解：其一，從「四聖同揆」談「占」與「學」的會通。其二；從「占」與「學」的界義看二者的關係。其三，從「得失吉凶一道」區分君子與小人之用占。

（一）從「四聖同揆」談「占」與「學」的會通

船山認爲《易》道有之用有二：一者爲「學《易》」（「學」），一者爲「占《易》」（「占」），二者融通一貫，不可偏廢。此思想須溯源至船山對《易》之成書及其性質的看法。

〔註1〕 本文以船山「占學一理」說爲中心議題，於其生平事略，不遑敘及，讀者可逕參張西堂《船山學譜》。

〔註2〕 除此之外，船山之哲學著作《思問錄》、《張子正蒙注》，亦著重於闡發《易》學哲學的觀點；再如其《尚書引義》、《讀四書大全說》等解說儒家經籍之作，亦有關於其《易》學哲學的論述。略參朱伯崑《易學哲學史》第四卷，頁 6。

〔註3〕 此見於其晚年所著之《周易外傳發例》，頁 20。

　　關於《易》之成書，自古以來，聚訟紛紜，莫衷一是。船山於此則持「四聖同揆」的見解。〔註4〕其云：

　　　　伏羲氏始畫卦，而天人之理盡在其中矣。上古簡樸，未遑明著其所以然之理者以昭告天下後世，幸筮氏猶得其所畫卦之象而未之亂。文王起於數千年之後，以「不顯亦臨，無射亦保」之心，得及卦象而體之，乃繫之彖辭，以發明卦象得失之所由。周公又即文王之象，達其變於爻，以研時位之幾而精其義。孔子又即文、周，象、爻之辭，贊其所以然之理而爲〈文言〉與〈彖〉、〈象〉之傳，又以其義例之貫通與其變動者爲〈繫傳〉、〈說卦〉、〈雜卦〉，使占者、學者得其指歸以通其殊致。〔註5〕

此說以爲，凡經四聖之手，而《易》始告成書。首先，指出伏羲有畫卦之功，且已寓天人之理；至數千載後，文王繫之彖辭，卦象得失之由遂得發揮；再有周公承文王之業，繫之爻辭以研求時位之幾而精其義；終而有孔子出，贊文、周二聖之辭，作傳以明其理，得使占者、學者互通其殊致。船山以爲，自伏羲而文王，而周公，而孔子，四聖人所闡發於《易》者，其內容義旨，首尾相貫。如云：

　　　　蓋孔子所贊之說，即以明〈彖傳〉、〈象傳〉之綱領，而〈彖〉、〈象〉二傳即文、周之象、爻；文、周之象、爻即伏羲之畫象。四聖同揆，後聖以達先聖之意而未嘗有所損益也明矣。〔註6〕

從孔子回溯而至伏羲，倡言四階段之內容，同循一致的法度，故謂「四聖同揆，後聖以達先聖之意而未嘗有所損益」。其中，首聖伏羲雖爲《易》之源頭，然而未經文王之闡述，則無異於占筮之作。如云：

　　　　伏羲氏之畫卦也，即陰陽之升降多寡隱見，而是非形焉。其占簡，其理備矣。後聖因之，若《連山》、《歸藏》，皆引申畫象之理而爲之辭，使人曉然於吉凶之異，以遵道而迪吉。〔註7〕

〔註4〕船山此說或不合於考據之史實，然如曾春海指出：「然而船山於易學研究上所持之此一基本信念，從而開展出來的易學研究，仍有其不可抹殺之哲學思想價值，在義理的脈絡上具融通一貫性，……吾人對其周易成書之看法可持存而不論之態度，而就其易學之哲學價值予以探討。」參見曾著〈王船山易學闡微〉，頁40。此說甚的，筆者從之。

〔註5〕見《周易內傳發例》，頁1。

〔註6〕同前註。

〔註7〕見《周易內傳》卷五〈繫辭上傳〉，頁1。

將之與《連山》、《歸藏》相比擬，而就船山的認知，此二書是爲「雜占」之作，如云：

> 伏羲氏始畫卦，未有《易》名，夏曰《連山》、商曰《歸藏》，猶筮人之書也。〔註8〕

又云：

> 固自《連山》以後，卜筮之官各以所授受之師說而增益之，爲之爻辭者不一。如《春秋傳》所記，附會支離，或偶驗於一時，而要皆不當於天人性命之理。〔註9〕

伏羲畫卦雖已蘊藏天人之理，然而：

> 《易》之道雖本於伏羲，而實文王之德與聖學之所自著也。〔註10〕

又云：

> 至於文王，益求諸天人性命之原，……；周公復因卦中六位陰陽之動而爲之象辭，則以明一時一事之相值，各有至精允協之義，爲天所禍福於人，人所自蹈於吉凶之定理，莫不於爻之動幾顯著焉。……夫文王、周公所繫之辭，皆人事也，即皆天道也；皆物變也，即皆聖學也；皆禍福也，即皆善惡也；其辭費，其旨隱；藏之於用，顯之以仁；通吉凶得失於一貫，而帝王經世、君子窮理盡性之道，率於此而上達其原。〔註11〕

是文王、周公，於天人性命之原，有益求推闡之功，合天道於人事，合聖學於物變，合善惡於禍福，通吉凶得失於一貫。而又下繫之孔子云：

> 夫子慮學《易》者逐於占象，而昧其所以然之理，故爲之傳，以發明之，即占也，即學也；即以知命而不憂，即以立命而不貳。其喻斯人於斯道之所自立，而貞乎生死休咎之大常，意深切矣。〔註12〕

以爲孔子所致力，在於將《易》與《連山》等「不當於天人性命之理」的雜占之書區隔開來。所作〈易傳〉，意在發明「即占也，即學也」的要旨。

從前引各段文字中，可以清楚見出，就船山的立場而言，其所肯認的《易》一書，係切於「天人性命之理」的偉大著作，是用來指導人生行事，

〔註 8〕同前註，卷一〈周易上經〉，頁 2。
〔註 9〕同註 7。
〔註 10〕同註 8。
〔註 11〕同註 7。
〔註 12〕同註 7。

對人心給予提撕警覺，使之趨於正道的聖學經典。亦即所謂「以喻於人道之所自立，而貞乎生死休咎之大常。」準上所言，從「四聖一揆」，「後聖以達先聖之意，而未嘗有所損益」的倒溯理序，從集大成的後聖孔子身上，即可見出四聖所同之「揆」之所指，當即爲「即占也，即學也」、「使占者、學者得其殊致」，括以船山自語，便是「占」與「學」的融通互貫：「占學一理」。

　　推詳至此，固可從各階段的聖學之比觀，而略得「占」與「學」，可擬於知「天理」之與盡「人事」，然而船山自對「占」、「學」二者之界義，以及「占學一理」之實指，尚待進一步之釐清。此將於下文中予以討論。

（二）從占與學的界義看二者的關係

船山言「占」與「學」之關係曾云：

> 若夫《易》之爲道，即象以見理，即理之得失以定占之吉凶；即占以示學。切民用，合天理，統四聖人於一貫，會以言、以動、以占、以制器於一原。〔註13〕

此處說明二者當融通一貫，「即占以示學」，是爲四聖所統之一貫者。同時指出其實際內容爲「切民用，合天理」；爲「會以言、以動、以占、以制器於一原」。按此說實船山對〈繫辭〉「《易》有聖人之道四焉」的理解。如云：

> 《易》之垂訓萬世，占其一道尒。故曰：「《易》有聖人之道四焉」，惟「制器者尚其象」，在上世器未備，而民用不利，爲所必尚，至後世而非有急耳。以言尚辭、以動尚變，學《易》之事也，故「占《易》」、「學《易》」，聖人用《易》之二道，並行不可偏廢也。〔註14〕

船山以爲，《易》之制器之用，於上古質樸之世誠有必要，然於後世文明已開展昌達之時，則已非急用，可略而不論，而將言者、動者、以及占者，簡約爲「學《易》」、「占《易》」二道。又其釋〈繫辭〉「是故君子居則觀其象而玩其辭，動則觀其變而玩其占」，云：

> 觀象玩辭，學《易》之事，觀變玩占，筮《易》之事，占亦辭之所占，承上文而言。《易》因天道以治人事，學之以定其所守，而有事焉於筮則占其時位之所宜，以慎於得失而不忘憂虞，則進退動靜一

〔註13〕同註5，頁3。
〔註14〕同註5，頁4。〈繫辭〉之原文爲「《易》有聖人之道四焉，以言者尚其辭，以動者尚其變，以制器者尚其象，以卜筮者尚其占。」

> 依於理，而自天祐之，吉無不利。〔註15〕

船山借著對傳文的疏釋，爲「學《易》」、「占《易》」界義。從二者適用之途的有別，說明「學」者乃平居之涵養，「占」者則爲臨事之應變；然就指導人生行事的動靜進退之所宜而言，平時的涵養操持，與臨事變的應變能力之啓悟，都是不可或缺，必得相輔以行的。船山的「占學一理」所指即此。又曾從「占」、「學」的運用，而細究二者的主從先後關係，云：

> 子曰：「卒以學《易》可以無大過」。言寡過之必於學也。又曰：「不占而已矣」。言占之必於學以有恆也。蓋非學之有素，則當變動已成，吉凶已著，雖欲補過而不知所從，天惡從而祐之以吉無不利哉？
>
> 〔註16〕

謂寡過必於學，適可見出船山以道德修爲爲尚的基本立場。認爲平居時的玩象觀辭，即從卦爻象及卦爻辭所蘊含、載述的聖哲之經驗教訓，得到修養操持上的仿效典範，從而使人生行事，可以「無大過」、「寡過」。此即「學《易》」之功用。其次，從臨事的角度來看，倘若沒有平居「學《易》」的奠定道德修養基礎，則「占《易》」亦將無所發揮其警醒人心、開啓理性的作用；也就無法善察天所昭示得失吉凶之「幾」，進而把握行事之準則。職是，雖欲「補過」，亦將「不知所從」了。

從前述可知，船山在界定「占」、「學」之意涵及用途時，雖曾云：「二者皆《易》之所尚，不可偏廢，尤其不可偏尚也。」〔註17〕「即占也，即學也」倡言「占學一理」。然如仔細分辨，二者雖可統合連貫，卻仍有主從先後之分，明顯的有「以學賅占」的意向。船山云：

> 居則玩辭，其常也。以問焉而如響，則待有疑而始問，未有疑焉而無所用《易》也。且君子之有疑，必謀之於心，謀之臣民、師友，而道之中正以通，未有《易》合焉者，則其所疑者亦寡矣。學則終始典要，不可須臾離者也。故曰：「《易》之爲書也不可遠」。徒以占而已矣，則無疑而固可遠也。故篇內占學並詳，而尤以學爲重。
>
> 〔註18〕

〔註15〕同註7，頁7。
〔註16〕同註5，頁4。
〔註17〕同前註。
〔註18〕同前註。

船山係從「常」與「變」的不同，而來區分「占」與「學」的主從先後。以人生行事及道德修爲的指導而言，「常」者，爲一般之常態；而「變」者，則爲偶然之觸發。基於此，是故學則「終始典要，不可須臾離之」。相對而言，「占」則必待有疑而始用，並且尚須「先謀之心」以自我反省，「謀之臣民、師友」以集思廣益，皆不得而解方始用「占」。是則「占」之爲用「無疑焉而固可遠」，此「學」、「占」二者之大較。且船山自稱「篇內（指《周易內傳》）占學並詳，而尤以學爲重」，正昭示了「占學一理」說，實際上是「以學眨占」的主張。

（三）從「得失吉凶一道」區分君子與小人之用占

如上節所剖陳者，船山「占學一理」係以「以學眨占」爲實指，主張《易》道「占」、「學」之用，乃爲君子修身俟命，以人合天的「天人性命之學」所不可或缺，是爲崇德廣業之所必備。循是，則又導出「占義不占利，勸戒君子，不瀆告小人爲用」的主張。此說以「得失」、「吉凶」是否「一道」，判別君子與小人，從而發揮了張載「《易》爲君子謀，不爲小人謀」說。〔註19〕船山云：

> 張子之言曰：「《易》爲君子謀，不爲小人謀」，然非張子之創說也。
> 《禮》筮人之問筮者曰：「義與？志與？」義則筮，志則否。文王、周公之彝訓，垂於筮氏之官守且然，而況君子之有爲有行，而就天化以盡人道也哉！〔註20〕

對張子之說，船山更上推其源，以爲《禮》已載述其義，且爲筮氏所承繼之文、周彝訓。此論實又呼應前述之「四聖同揆」說。「就天化以盡人道」，則說明君子占《易》之所用。此處的「義」、「志」，分指占問者求占目的乃合於公義，抑或僅爲私人意志。爲前者則可占，爲後者不許占。「義志之辨」，在船山《易》學思想中，也以「義利之辨」代言，而謂「占義不占利」。又以「得失吉凶之辨」予以解說：

> 故聖人作《易》，以鬼謀助人謀之不逮，百姓可用，而君子不敢度內外以知懼，此者筮者筮吉凶得失之幾也。固非如《火珠林》者，盜賊可以就問利害，而世傳邵子「牡丹之榮悴」、「瓷枕之全毀」，亦何用知之以瀆神化哉？是知占者微言大義之所存，崇德廣業之所慎，

〔註19〕船山《張子正蒙注》卷五，頁4。注云：「若《火珠林》之類，有吉凶而無善惡，小人資之以謀利，君子取之，竊所未安。」

〔註20〕同註5，頁3。

不可云徒以占吉凶，而非學者之先務也。〔註21〕

船山認爲，聖人作《易》「以鬼謀助人謀之不逮」，用之於占，旨在求得微言大義，用助崇德廣業。是故從吉凶與得失的統一與否，來區分君子與小人之問占。吉凶，指個人的利害禍福；得失，則指合於事理公義與否。在有高度行爲修養，度內外以知懼的君子，其吉凶是奠基於得失的，換句話說，二者是統一的。小人則不然，其所問占，係全以個人利害禍福爲唯一考量，問吉凶而不問得失；於此，吉凶和得失是分立的。職是，船山又將「《易》占」與其他占筮之術區別開來，痛斥《火珠林》等占法無益於崇德廣業之用，甚爲流爲爲惡者之倀鬼，而有「瀆神化」之失。又云：

> 得失以理言，謂善不善也。……《易》不爲小人謀詭至之吉凶。於
> 其善決其吉，於不善決其凶，無不自己求之者；示人自反而勿徼倖、
> 勿怨尤也。〔註22〕

對於「小人詭至之吉凶」，船山從道德修爲的立場予以擯棄於《易》道之用以外。主張在《易》中，吉凶與得失是統一的，亦同於「理」與「善」的統一。船山更申言吉凶「無不自己求之者」，旨在「示人自反而勿徼倖、勿怨尤」。強調人要爲自己的行爲負責，不心存僥倖，不怨天尤人。如云：

> 蓋禍福無不自己求之者，雖或所處不幸而固有可順受之命。故研幾
> 精義、謹小愼微、改過遷善，君子自修之實功，俱於象爻著之。《周
> 易》之與後世技術占卜之書，貞邪義利之分，天地懸隔，於此辨矣。
>
> 〔註23〕

肯認《易》於道德人格的提昇，實有莫大之助益。此言「禍福無不自己求之者」，高度彰顯人的主體性，「雖或所處不幸而固有順受之命」，則使人樂天知命而不憂，不至流於悲觀宿命。明乎得失之所由，則可以盡人事、贊化育。云：

> 故凶者未有不由乎人之失也，吉者未有不由乎人之得也。聖人作
> 《易》，君子占焉，所以善用其陰陽，盡人事、贊化育之中，而非在
> 天有一定之吉凶，人不得而與也。〔註24〕

〔註21〕同註5，頁3～4。
〔註22〕同註7，頁6。
〔註23〕同註7，頁7。
〔註24〕同註7，卷六〈繫辭下傳〉，頁22。

認為惟有「君子」能善體聖人作《易》之旨以用占，明乎吉凶係基於人的行為是否合理，亦即得或失；而占之目的又在於對陰陽變易不測之「幾」的體悟和掌握。從而能借由「盡人事」以參贊天地之化育，將人的地位提升到與天地同德，力求發揮人的主體性，而非僅借占筮以前知吉凶，無所致力而流於宿命悲觀也。又曾云：

> 然占者非徒以知吉而喜，知凶而憂也。苟為君子之人，則察其隨時之中而乾惕以慎守其至正之則，是而《易》之道乃以行萬變；而利用非其人則恃其吉而委其凶於無可奈何之數，其占也不如不占，《易》道虛設矣。《易》之為書，言得失也，非禍福也；占義也，非占志也。此學《易》者不可不知也。〔註25〕

君子係藉占之啟示而乾惕自省，慎守正則，以為人生行事之至高指導，而究其實際，則必當有平居之「學」以涵養其心志，故成其為君子，而與「利用非其人」的小人，迥然以異。是故吉凶得失之判合到君子小人之分；與「占」、「學」是否得到會通融貫，實為一體之兩面。如云：

> 古之為筮者於事神治人之大事，內審之心，求其理之所安而未得，在天子諸侯則謀之卿士；以至於庶人，士則切問之師友；又無折衷之定論，然後筮以決之。抑或忠臣孝子處無可如何之時勢，而無以自靖，則筮之以邀神告而啟其心，則變可盡而知所審處。是知《易》者所以代天詔人，迪之於寡過之途；而占與學，初無二理。〔註26〕

船山認為用占須持極謹慎之態度：從自我審心到謀諸卿士或師友，如皆無折衷之定論，方以筮決之。也就是說，必得已極盡人事之能為，而後方求諸天之昭告。例如忠臣孝子，當其困於時勢之無可奈何，在情感上無以自靖時，則可問筮以啟其心，即開啟理性之自覺，而後能審時度勢，知所行止，從而使紛亂不定之情緒得到安定。準此占筮之用而言，意在求得得失之所以然，循理而行。從知天知命到安身立命，此即「《易》為君子謀」的真義。且就君子之所以成其為君子的道德完善性來說，適又統歸於船山「以學賅占」、「占學一理」的《易》學主張。

〔註25〕同前註，頁 19。
〔註26〕同前註。

三、結論

　　總前所述，船山的「占學一理」說，就其脈絡淵源，係根植於對《易》之成書及性質所抱持的「四聖一揆」立場；而吾人順其「占」、「學」關係的論述，亦可見出謂「占學一理」，實有「以學眩占」的意向；並基於得失、吉凶的判合，導出「占義不占利」的原則，嚴格區分君子小人之占，並對《易》占而外的一般占筮之術，予以強烈的抨擊。

　　船山「占學一理」說的涵蓋面之廣，洵為其《易》學思想中極鮮明之特色。其得失如何，擬由下述二端評議之。

（一）強調人德道德主體性，對儒家「盡人事」說有深刻之闡發

　　船山肯認「四聖同揆」的《易》書中，蘊藏天人性命之理，所謂「所以盡天道，昭人極，為聖學合天之軌」〔註27〕面對「天人關係」的議題，固主張「以人合天」，然而「筮者所以知天」，「學者盡知人事」〔註28〕，從其「以學眩占」的意向，即可見出船山特別強調人的道德主體意義，突顯出積極的人本主義立場。要求以平居以「學」修養品格，提高道德層次；臨事以「占」掌握得失所以然之理，順是以行；對於吉凶禍福，積極承擔，並進而得到更明確贊天地化育，有所貢獻。儒家一貫的「盡人事」說，從而得到更明確、深刻的闡發。船山「占學一理」說的正面意義，當於此覘之。

（二）執持道德判準以否定他家易說之價值，值得商榷

　　船山從道德修為的角度出發，著眼於得失吉凶的判合，給予「為君子謀」的「《易》占」以崇高的地位，對於無涉道德價值判斷的其他占筮之術，則鄙之為「雜占」小道，加以激烈的抨擊，否決其存在之價值。於此，船山實有過度引申道德作用，以為一切學說之判準的缺失。站在客觀的學術立場，對於某一學說的評議，理當檢証其系統結構，是否具備內在的合理性，以及是否能與客觀的實然世界取得對應，才能做出公正合宜的評判。然而，船山乃執著於道德立場，對「有吉凶而無得失」，「故屠販盜賊皆可就問利害」的《易林》、《火珠林》及「先天觀梅術」等「雜占」之學，深斥為「訓天下以亂而可惡甚矣」的「邪說」，〔註29〕並未曾就此等「雜占」之學進行理論深度的探究。準此，或當承認船山持「占學一理」以評議他家《易》說，實未

〔註27〕同註7，頁5。
〔註28〕同註5，頁15。
〔註29〕同註7，頁18。

見公允，且恐有窄化學術領域的傾向。

　　本文對船山「占學一理」說的評述，大抵如上。最後，必須特別指出的是，船山以一「志無可酬，業無可廣」的亡國孤臣，〔註30〕治《易》四十載，其所撰著，概由憂患而勘入《易》理，〔註31〕所得皆眞切之實感，故於《易》往往持以極高懸的道德肯認，循此發展其《易》學，並評議他家之說，其間容或有失當、過激之處，吾人實可寄以同情之理解，而不宜過於深責也。

引用及參考書目

一、原典類

1. 《周易》，王弼、韓康伯注，藝文印書館影阮元刊十三經注疏本，孔穎達疏。
2. 《周易內傳》，王船山撰，中國船山學會、自由出版社影上海太平洋書局排印本，《船山遺書全集》（一）。
3. 《周易內傳發例》，王船山撰，中國船山學會、自由出版社影上海太平洋書局排印本，《船山遺書全集》（二）。
4. 《張子正蒙注》，王船山撰，中國船山學會、自由出版社影上海太平洋書局排印版，《船山遺書全集》（十七）。

二、專著類

1. 《船山學譜》，張西堂撰，中國船山學會、自由出版社，《船山遺書全集》（二十二）。
2. 《易學哲學史》第四卷，朱伯崑撰，藍燈文化事業股份有限公司。
3. 《船山易學研究》，張廷榮撰，作者自印。
4. 《船山易學研究》，蕭漢明撰，北京，華夏出版社。

三、期刊論文類

1. 《王船山易學闡微》，曾春海，輔仁大學哲學研究所博士論文，1977 年。
2. 《船山之易學》，曾昭旭，中國文化月刊，1980 年 10 月。
3. 《王船山易學研究》，梁堯封，香港，能仁學院哲學研究所碩士論文，1983 年。

〔註30〕同註 24，船山自述：「亡國孤臣，○○○○○，志無可酬，業無可廣，惟《易》之爲道，則未嘗旦夕敢忘於心，而擬議之難，又未敢輕言也。」
〔註31〕讀者可參曾昭旭〈船山之易學〉，頁 56～62。

4. 《王船山論學易和占易的認識意義》，唐明邦，船山學報，1984 年 1 期。

5. 《船山易學與朱熹易學觀之比較研究》，曾春海，哲學與文化，1993 年 9 期。

附錄五　荀爽乾升坤降說述評

張新智

摘　要

　　荀爽，字慈明，一名諝，東漢著名易學家，在東漢易學史上，具有舉足輕重的地位。前代學者對荀氏易學的研究，略可以惠棟與張惠言爲代表。惠氏著有《易漢學》八卷，卷七爲〈荀慈明易〉之專論；張氏著有《周易荀氏九家義》，亦頗究於荀氏易學。惠氏以「乾升坤降」標舉荀說，並注言「此說得之京房」，張氏則謂「荀氏之義莫大乎陽升陰降」，並指出「其義出於《乾鑿度》」。本文即試圖對荀爽易學「乾升坤降」（「陽升陰降」）說。其內容大要以及可能的學術淵源，進行探討。

　　荀爽乾升坤降說，實際上包含了如下三層思想：

　　第一：乾坤爲陰陽之本，八卦、六十四卦，萬事萬物，莫不由此二基本卦所化生。

　　第二：乾卦欲升，坤卦欲承，二卦陰陽爻位的升降推移，可以用來解說各卦卦象，成爲釋卦的通用體例。

　　第三：此說特重二、五兩爻。

　　從本文所進行的探討發現，荀爽的易說，係承繼了西漢以來的象數易學之理路，從而建立了他的「乾升坤降說」，試圖對《周易》作出通貫合理的詮釋，雖然失敗了，然而，這種銳意創新的精神，仍是值得肯定的。

關鍵詞：荀爽、乾升坤降、陽升陰降、升降、象數易

一、前言

荀爽，字慈明，一名諝，東漢著名易學家，生於漢順帝永建三年（公元128 年），卒於漢獻帝初平元年（公元 190 年），享年六十三歲。〔註 1〕

荀悅《漢記》言荀爽之易學，云：

> 臣悅叔父故司徒爽著《易傳》，據爻象承應陰陽變化之義，以十篇之
> 文解說經義，由是袞豫之言《易》者，咸傳荀氏學。〔註 2〕

由此可知，荀爽的易學，係承繼費氏易學「以傳解經」的傳統，並曾廣為學者所習。漢末三國初學大師虞翻曾評論荀爽、馬融、鄭玄、宋忠四家易學，云：

> 漢初以來，海內英才其讀《易》者，解之率少，至孝、靈之際，穎
> 川荀諝，號為知《易》，臣得其注，有愈俗儒。至所說「西南得朋，
> 東北喪朋」，顛倒反逆，了不可知……又南郡太守馬融，名有俊才，
> 其所解釋，復不及諝。……若乃北海鄭玄，南陽宋忠，雖各立注，
> 忠小差玄而皆未得其門，難以示世。〔註 3〕

虞氏自視甚高，評人亦苛，其於荀爽雖有小貶，然仍許為四家之勝，足見荀說確有獨到之處。此外，唐李鼎祚《周易集解》所引易注凡三十五家，以荀、虞二氏者為多，也可旁證荀爽在東漢易學史上，確有舉足輕重的地位。〔註 4〕

荀爽的易學著作易傳早已亡佚，殘文碎義，惟賴李鼎祚《周易集解》徵引以存。清馬國翰《玉函山房輯佚書》輯為三卷，頗便省覽。

前代學者對荀氏易學的研究，略可以惠棟與張惠言為代表。惠氏著有《易漢學》八卷，卷七為〈荀慈明易〉之專論；張氏著有《周易荀氏九家義》，亦頗究於荀氏易學。惠氏以「乾升坤降」標舉荀說，並注言「此說得之京房」，〔註 5〕張氏則謂「荀氏之義莫大乎陽升陰降」，並指出「其義出於《乾鑿度》」。〔註 6〕「陽升陰降」字面上稍有差異，然於實際義理層面，卻同為對荀氏易學的概括，而學者亦往往有單以「升降」名荀說的。至於其學術淵源，張氏以為出自《乾鑿度》，惠氏以為得之京房，也都有各自的根據。本文即試圖對荀

〔註 1〕關於荀爽的生平事略，請參見《後漢書‧荀爽傳》，頁 2050。
〔註 2〕並參見惠棟：《易漢學》卷七〈荀慈明易〉引，頁 52～364。
〔註 3〕參見《三國志‧虞翻傳》註引〈翻別傳〉，頁 1322。
〔註 4〕略參高懷民：《兩漢易學史‧荀爽事略》，頁 189。
〔註 5〕同註 2，頁 52～360。
〔註 6〕參見張惠言：《張惠言易學十書‧荀氏九家義》，頁 395。

爽易學「乾升坤降」(「陽升陰降」)說。其內容大要以及可能的學術淵源，進行探討，如此，或能對荀學在易學上的學術貢獻，有較合理的評價。

二、乾升坤降說概述

荀爽乾升坤降說，實際上包含了如下三層思想：

第一：乾坤爲陰陽之本，八卦、六十四卦，萬事萬物，莫不由此二基本卦所化生。

第二：乾卦欲升，坤卦欲承，二卦陰陽爻位的升降推移，可以用來解說各卦卦象，成爲釋卦的通用體例。

第三：此說特重二、五兩爻。

這三層思想並非獨立的存在，而是一個有機的整體，本文係爲了說解的方便，不得不權作如此的區分。以下將舉例予以說明。

第一：荀爽以乾坤二卦爲其他各卦、以及萬物的基礎，如其釋乾卦〈彖〉文「萬物資始」云：

> 謂分六十四卦，萬一千五百二十冊，皆受始於乾，猶萬物之生稟於天。(引自李鼎祚《周易集解》，下同)

釋坤卦〈彖〉文「萬物資生」云：

> 謂萬一千五百二十冊，皆受始於乾，由坤而生也。冊生於坤，猶萬物成形，出乎地也。

釋〈說卦〉「幽贊於神明而生蓍」云：

> 謂陽爻之冊三十有六，陰爻之冊二十有四，二篇之冊萬有一千五百二十，上配列宿，下配物數。

按，此處「冊」同「策」。其以揲蓍成卦的象數模式，等同於天地化生萬物的過程。這種宇宙生成觀，顯然是承繼西漢象數易派一貫的思想。例如京房云：

> 故揲蓍布爻用之於下，筮分六十四卦，配三百八十四爻，序一萬一千五百二十策，定天地萬物之情狀。〔註7〕

此外，《易緯‧乾鑿度》亦云：

> 乾坤者，陰陽之根本，萬物之祖宗也。〔註8〕

〔註7〕參見京房：《京氏易傳》卷下。
〔註8〕參見《易緯‧乾鑿度》卷下。

只是在京房等人，並不以此來注解經文，而荀爽則試圖準此建立一套釋經體例，這是二者明顯的差異。京房又曾云：

> 乾坤者，陰陽之根本；坎離者，陰陽之性命。〔註9〕

在荀氏易說，則如釋乾卦〈象〉文「大明終始」云：

> 乾起坎而終於離，坤起於離而終於坎，離坎者，乾坤之家而陰陽之
> 府，故曰：「大明終始也」。

是知京氏卦氣說，對他有深刻的影響。其他「大明」爲日月，離爲日，坎爲月，坎離意味著乾坤之終始，因爲日月的運行象徵陰陽二氣消長之終始，此係因卦氣理論以：乾代表陽氣，坤代表陰氣；陽氣始於十一月坎，終於五月離；陰氣始於五月離，終於十一月坎，所以說坎離者「乾坤之家而陰陽之府」。〔註10〕又，荀爽解釋〈繫辭〉「乾坤毀則無以見易」云：

> 毀乾坤之體則無以見陰陽之交易也。

釋「乾坤其易之門邪」云：

> 陰陽相易出乎乾坤。

在荀爽的思想中，乾坤二卦的純陰純陽，在邏輯意義上可以統攝陰陽二氣；萬物既是陰陽二氣推移而變化育成，所以乾坤二卦即爲萬物的基源。準此，便可過渡到第二層觀念來討論。

第二：荀爽認爲，乾坤二卦的交住互易，即乾卦九二居於坤卦六五爻位，坤卦六五居於乾卦九二爻位，此其乾升坤降，形成坎離兩卦，爲上經之終；此二卦相配合後，則成爲既濟和未濟，爲下經之終。〔註11〕所以乾坤兩卦交位的升降乃八卦和六十四卦的基礎。然而，如同前面我們曾經剖析過，乾坤二卦的推移，便等同於陰陽二氣的推移，以「乾升坤降」，亦即爲「陽升陰降」，這在荀爽看來，不但是宇宙的發生律，亦可以推廣用來詮釋《周易》的經傳。追溯其理論淵源，仍是受到卦氣消息說的影響，如其解說〈繫辭〉「變化者，進退之象也」，云：

> 春夏爲變，秋冬爲化，息卦爲進，消卦爲退也。

又其釋「往來不窮謂之通」云：

> 謂一冬一夏，陰陽往來無窮已，故通也。

〔註 9〕同註7。
〔註10〕略參朱伯崑：《易學哲學史》（上），頁197。
〔註11〕同前註，頁196。

這種一消一息，往來無窮的易學思想，除了受到孟、京卦氣說的啓發之外，同時可能也來於《乾鑿度》：

> 陽動而進，陰動而退。……陽變七之九，陰變八之六。

由此更可以導出陽性欲升，陰性欲承的律則，又因五爻爲陽位之正，二爻爲陰位之正，是故荀爽以爲，凡是陽爻都有上升九五的趨勢，凡陰爻都有下降六二的趨勢。荀爽據此以說易，最顯著的莫過於其解乾坤二卦。如釋乾卦〈文言〉「本乎天者親上，本乎地者親下」云：

> 謂乾九二本出於乾，故曰本乎天。而居坤五，故曰親上，謂坤六五
> 本出於坤，故曰本乎地。降居乾二，故曰親下也。

釋坤卦〈文言〉「直方大不習無不利，則不疑其所行也」云：

> 直方大，乾之唱也，不習無不利，坤之和也。陽唱陰和而無所不利，
> 故不疑其所行也。

荀爽不以乾坤二卦已然之跡的純陰純陽來講，卻從二卦陰陽爻相推移互易的未然情狀下來疏解，認爲乾升於坤，坤降於乾，而成兩既濟，達到「陰陽和均而得其正故曰天下平」的最高原則。荀爽並將此例加以推廣，認爲凡是合乎此「乾升坤降」即「陽升陰降」原則的，則吉；反之，則凶。如其釋既濟〈象〉「既濟亨，小者亨也」云：

> 天地既交，陽升陰降，故小者亨也。

臨卦九二爻〈象〉「咸臨吉，無不利，未順命也」云：

> 陽感至二，當升居五，群陰相承，故無不利也。陽當居五，陰當順
> 從，今尚在二，故曰「未順命也」。

荀氏「乾升坤降」說中，除了主張陽爻要升，陰爻要降而外，更積極要求二、五兩爻的得中得正，此將於第三點中析論。

　　第三：荀爽易說的特重六爻中之二、五兩爻，惠棟《易漢學・荀慈明易》中，特標「易尚時中說」予以討論，其實此說，仍可涵括於「乾升坤降說」中。荀爽之所以要求陽爻當升，陰爻當降，是因爲惟有如此，才能使爻位復趨向陰陽各得其所的「中和」理想目標。「中和」，實際上並不屬於象數範疇，而是屬於義理管疇。〔註12〕《禮記・中庸》云：

> 中也者，天下之大本也；天下之達道也。致中和，天地位焉，萬物育焉。

〔註12〕略參余敦康：〈荀爽的易學〉，《哲學與文化》，十九卷第四期，1992 年 4 月，頁 336。

荀爽把它確立爲爻變所應趨向目標。如釋〈繫辭〉「天下之理得而易成位乎其中」云：

> 陽位成於五，五爲上中，陰位成於二，二爲下中。故易成位乎其中。

荀爽以爲，一卦之中的九二爻應上升居卦之中位，其六五爻應下降居下卦之中位，此即各當其位，陰陽和諧而互不侵犯。如其釋臨卦六五爻〈象〉「大君之宜，行中之位也」云：

> 五者帝位，大君謂二也。宜升上居五位，吉，故曰「知臨大君之宜」也。二者處中行，升居五，五亦處中，故曰「行中之謂也」。

又釋師卦六五爻〈象〉「長子帥師以中行」，云：

> 長子謂九二也，五處中應二受任帥師，當上升五，故曰「長子帥師以中行也」。

又釋泰卦九二爻「用馮河，不遐遺。朋亡，得當於中行」云：

> 河出於乾行於地中，陽性欲升，陰性欲承，馮河而上，不用舟航，自地升天，道雖遼遠，三體俱上，不能止之，故曰不遐遺。中謂五，坤爲朋，朋亡而下，則二上居五而行中和矣。

荀爽以爲，惟有遵循「乾升坤降」的律則，使二、五爻得其中正，方爲最理想的狀態。既濟一卦，正是荀氏理想模式的呈現：此卦坎上離下，初、三、五爻陽居陽位，二、四、上爻陰居陰位；九五、六二，剛柔俱得中得正。從而我們便可以清楚的理解，何以荀爽要從乾卦、坤卦相推移而成兩既濟的未然情狀來說解，因爲透過「乾升坤降」的律則，使二、五兩爻得其中正，此二基本卦，就能「陰陽和均而得其正，故曰天下平」。他的特重二、五兩爻，正是由「中和」的最高理想所指導的，荀氏易學，也因此而深具儒家易學的特色。

三、批評與討論

荀爽易學的乾升坤降說，做爲一種《周易》的詮釋體例，事實上並不成功，爲了遷就經文，常有自違體例的情形出現，如其釋泰卦〈象〉「天地交，泰」云：

> 坤氣上升，以成天道；乾氣下降，以成地道。天地二氣，若時不交，則爲閉塞，今既相交，乃通泰。

釋屯卦初九爻〈象〉「雖盤桓，志行正也」云：

> 盤桓者，動而退也。謂陽從二動而退居初，雖盤桓，得其正也。

前舉諸例，顯然悖於荀氏自創的乾升坤降律則。矛盾齟齬，不言可喻。學者之非議荀說的，實肇因於此。〔註13〕荀爽的失敗，究其原因，主要是由於他站在象數易家的立場，把陽升陰降作爲一種普遍律則，強加在《周易》的經傳上，這種作法不僅違背了《周易》本身立足理以傳解經的傳統，並且適巧違背了傳文著重於闡發陰陽相交，二氣相感，強調剛來下柔，陰升陽降的一面。〔註14〕

從本文所進行的探討發現，荀爽的易說，係承繼了西漢以來的象數易學之理路，從而建立了他的「乾升坤降說」，試圖對《周易》作出通貫合理的詮釋，雖然失敗了，然而，這種銳意創新的精神，仍是值得肯定的。同時，必須指出，荀爽的易學，不但對其後的象數易派易家如虞翻，有極大的啓發之外，對於義理派的王弼，也留下影響之跡，如王氏《周易註》釋泰卦六四爻「翩翩不富以其鄰，不戒以孚」云：「乾樂上復，坤樂下復」，一般認爲，所謂「上復」、「下復」，亦即「升」、「降」之意。〔註15〕此外，荀爽以傳解經的特色，對於古文易的興盛，亦頗具推廣之功，足見荀氏升降說的影響是多面的，其在易學上，承先而啓後，確是一位關鍵性的人物，值得重視並予探討，如因其易說有所缺失便遽以否定，則將是十分不公允，並且也昧於學術史的實情。

參考書目

一、古籍

1. 《京氏易傳》，（漢）京房、（吳）陸績注，《四部叢刊初編》第四冊，臺北：臺灣商務印書館。

2. 《易緯·乾鑿度》，（漢）鄭玄注，《無求備齋易經集成》，臺北：成文書局，1976年。

3. 《周易正義》，（魏）王弼注、（晉）韓康伯注、（唐）孔穎達等正義，《十三經注疏》，十一版（影印清嘉慶重刻宋本），臺北：藝文印書館，1989年1月。

4. 《新校本三國志》，（晉）陳壽、（南朝）裴松之注，臺北：鼎文書局，1997年5月。

〔註13〕參見屈萬里：《先秦漢魏易例述評》，頁119。
〔註14〕同註11，頁342。
〔註15〕參見廖名春等著：《周史研究史》，頁107。

5. 《新校本後漢書》,(南朝宋) 范曄、(唐) 李賢等注,臺北:鼎文書局,1997 年 5 月。

6. 《周易集解》,(唐) 李鼎祚,成都:巴蜀書社,1991 年 5 月。

7. 《玉函山房輯佚書》,(清) 馬國翰著,《續修四庫全書》,1194~1205,上海:上海古籍出版社,1995 年。

8. 《張惠言易學十書》,(清) 張惠言著,臺北:廣文書局,1970 年。

9. 《易漢學》,(清) 惠棟著,《景印文淵閣四庫全書》,臺北:商務印書館,1983 年。

二、近人

1. 《先秦漢魏易例述評》,屈萬里,臺北:學生,1969 年。

2. 《兩漢十六家易注闡微》,徐芹庭,臺北:五州,1975 年。

3. 《兩漢易學史》,高懷民,臺北:作者自印,1983 年。

4. 《易學哲學史》,朱伯崑,臺北:藍燈,1991 年。

5. 《周易研究史》,廖名春等,長沙:湖南大學,1991 年。

6. 《京房評傳》,盧央,南京:南京大學,1998 年。

7. 〈荀爽的易學〉,余敦康,《哲學與文化》,十九卷第四期,1992 年 4 月。